上外国际管理丛书

模块化组织中核心企业核心能力体系研究

中国大型企业国际化核心能力培养路径

吴昀桥　著

企业管理出版社

图书在版编目（CIP）数据

模块化组织中核心企业核心能力体系研究：中国大型企业国际化核心能力培养路径／
吴昀桥著 . -- 北京：企业管理出版社，2016.6

ISBN 978 - 7 - 5164 - 1292 - 3

Ⅰ . ①模… Ⅱ . ①吴… Ⅲ . ①大型企业 - 国际竞争力 - 核心竞争力 - 研究 - 中国

Ⅳ . ①F279. 23

中国版本图书馆 CIP 数据核字（2016）第 133359 号

书　　名：模块化组织中核心企业核心能力体系研究：中国大型企业国际化核心能力培养路径
作　　者：吴昀桥
责任编辑：尤　颖　田　天
书　　号：ISBN 978 - 7 - 5164 - 1292 - 3
出版发行：企业管理出版社
地　　址：北京市海淀区紫竹院南路 17 号　　邮编：100048
网　　址：http：//www. emph. cn
电　　话：总编室（010）68701719　发行部（010）68701816　编辑部（010）68701638
电子信箱：80147@ sina. com
印　　刷：北京天正元印务有限公司
经　　销：新华书店
规　　格：170 毫米 ×240 毫米　　16 开本　　12 印张　　195 千字
版　　次：2016 年 6 月第 1 版　　2016 年 6 月第 1 次印刷
定　　价：59. 80 元

摘　要

20 世纪末开始，发生在企业战略与组织领域的巨大变革可谓触目惊心，传统组织管理理论中建立在有形边界基础上的实体组织战略及其结构模式开始被颠覆，取而代之的是实体企业之间能力与资源的交叉与融合。这一巨大转变使得企业可以大量利用外部资源，而将自身资源集中在少数核心领域，企业战略开始由纵向一体化转变为业务聚焦化。业务聚焦化，在经营内容上表现为企业放弃原有多元化经营方式，而将精力集中于少数核心业务上，在组织结构上表现为模块化组织结构。企业由一体化向归核化的演进过程，就是组织模块化的过程。模块化组织作为一种全新的组织管理模式，对传统的组织管理理论形成了挑战，其也成为当前国内外实业界关注的重点和理论界研究的热点。然而，从现有相关研究成果看，大多研究集中于组织理论层面，以理论研究为主，并且研究大部分停留在模块化组织表层，诸如模块、模块化、模块化组织、模块化发展路径的研究等等，这导致了当前的研究主要存在两个方面的问题，其一，现有研究还未打开模块化组织的"黑箱"，对组织内部的认知较少，使得模块化组织现有理论成果难以体系化，其二，现有研究难以对经济社会中企业通过模块化实现跨越式发展形成指导作用，使得模块化组织现有理论成果的实践与应用价值较弱。正是基于模块化组织理论研究深化的现实需求，本书将研究的触角深入模块化组织内部。可以说，基于模块化组织内部研究匮乏的现状，有很多有意义的研究课题可以选择，本书选取了模块化组织中核心企业作为研究对象，一方面是着眼于其是模块化组织的主导者，对模块化组织建构，即模块化组织形成与运行具有决定性影响；另一方面是考虑到模块化组织内部的任何研究课题都离不开对核心企业的认识、分析，有助于打开模块化组织的"黑箱"。

本文通过对核心企业产生与运行的分析，形成了对模块化组织内部架构与运行过程的认知，进而形成了对模块化组织内部整体性的认识。此外，对核心企业的研究是一项系统工程，涉及到诸多方面。而充分考虑到企业跨越式发展的现实需求，本书进一步将研究聚焦于核心企业核心能力，以通过分析所获悉的核心企业产生与运行主要内容为基础，对其所需核心能力要素进行识别，并在实证基础上，构建核心企业核心能力体系，对经济社会中的大型企业模块化发展实践形成指导。可以说，模块化组织中核心企业核心能力的研究，是一个全新的研究课题，在研究过程中，由于现有理论基础的匮乏，遇到了很多困难，但之所以一直坚持将研究进行下去，所看重的就是该研究的实践意义。因此，本书的研究成果，一方面，在一定程度上深化了现有模块化组织的研究，推动了模块化组织研究的体系化进程，另一方面，有力地增强了模块化组织理论的现实指导作用。

本书的研究以现有模块化组织理论与核心企业理论为基石，因此，首先在第 2 章中梳理了模块化组织现有的主要研究成果，并对国内外相关研究进行了述评。此外，基于当前模块化组织中核心企业相关研究匮乏的现状，通过对供应链、产业集群、网络组织等其他研究领域对核心企业相关研究的梳理，一方面，结合模块化组织特性，界定了模块化组织中核心企业的内涵，另一方面对核心企业理论的相关研究进行了述评。以此为基础，在第 3 章中，借鉴内容分析法，对模块化组织中核心企业核心能力体系展开了内容分析，基于模块化组织内外环境的内容分析，识别出核心企业核心素质要素，并进一步开展基于核心企业产生与运行的内容分析。在此基础上，第 4 章提出了核心企业核心能力体系研究假设，构建了核心企业核心能力体系概念模型，并通过第 5 章实证的展开，最终建立起了核心企业核心能力体系。

在对模块化组织中核心企业核心能力体系内容分析中，首先，基于核心企业处于模块化组织主导地位的现实特性，对其主导地位展开分析，进而将其核心能力界定为一种具有"网络边界"的企业网络能力。其次，基于模块化组织外部环境驱动因素和内部需求驱动因素的分析，识别出核心企业的核心素质要素。以此为引导，对核心企业产生与运行展开分析。在对核心企业产生的分析中，明确了模块化组织的设计主体是核心企业，且其通过对组织结构、组织流程、组织职权、组织绩效、组织激励五大模块设计工作的开展，并经主导规则与事务性规则的制定，使得模块化组织得以形成，进而建立了模块化组织整体性架构，对模块化组织的形成过程及影响因素形成了较为系统的认知，可以说，模块化组织的形成过程实质上也就是核心企业的产生过程。在对核心企业运行的分析中，明确了核心企业的运行目标与运行过程，并建立了模块化组织中核心企业运行理论模型，形成了对模块化组织内部运行的清晰认识。最后，在对核心企业产生与运行分析的基础上，充分考虑到当前国内外主流研究对核心企业核心能力相关研究缺失的现状，通过借鉴内容分析法，以核心企业产生与运行阶段的主要任务为分析对象，通过理论推演，识别了其在产生阶段的关键核心能力要素是组织设计能力与组织整合能力，而在运行阶段的关键核心能力要素是组织学习能力、组织创新能力、组织协调能力与组织治理能力。

　　基于所识别的模块化组织中核心企业核心能力要素，对核心企业核心能力维度进行了划分，并通过研究假设的提出，构建了核心企业核心能力体系概念模型。进而，经过实证，最终建立了核心企业核心能力体系，其由组织设计能力、组织整合能力、组织学习能力、组织创新能力、组织协调能力与组织治理能力六个子能力构成。此外，在实证研究中，通过对核心企业核心能力体系的结构分析，一方面明确了各子能力对核心企业重要性所存在的差异性，另一方面也明晰了核心企业培育与提升各子能力的具体路径。而通过对核心企业核心能力体系同模块化组织建构关系的回归分析，则进一步确定了核心企业核心能力体系对模块化组织建构，即模块化组织形成与运行的正相关关系。

　　最后，本书利用验证性案例分析，对书中所构建的模块化组织中核心企业核心能力体系进行了检验，进一步确定了本研究的实践指导价值。

　　关键词：模块化，模块化组织，核心企业，核心能力

ABSTRACT

Since the end of the 20th century, bold changes have happened in corporate strategy and organization circle. The substantive organization strategy and its structure mode based on visible boundary in traditional organization and management theory have been overturned, which was replaced by the competence and resource integration of entity enterprises. The huge change enables enterprises to make full use of external resources and gather their own resources in a few core areas. Corporate strategies began to change from vertical integration to business focus. In terms of management content, business focus strategy means that the enterprises give up their original diversified management modes and focus their attention on the core business. In terms of organizational structure, it means modular organizational structure. The evolution from integration to refocusing is just the process of corporate organization modularity. As a brand new organizational management mode, modular organization proposes a challenge to traditional organization theories, which is also a hot topic for business circle at home and abroad as well as a focus of the theoretical circle. However, according to the existing research results, most studies focus on organizational theory level and center on theoretical analysis. Besides, most of them just stay at the surface of modular organization, such as module, modularity, modular organization, and modular development approach, etc, which leads to two problems of current studies. First, current studies haven't opened the "black box" of modular organization, which have little knowledge about the inner structure of the organization and make it difficult for current theoretical achievements to be systemized. Second, current studies can hardly guide enterprises in economic society to realize leapfrog development through modularity, which makes the application value of current studies

1

of modular organization weak. Considering the practical needs of furthering modular organization studies, this thesis explores the inward of modular organization. As there's a lack of studies of inward modular organization, many meaningful topics can be chosen, but this thesis chooses the core enterprises of modular organization as research objects. First, core enterprises play a dominant role in modular organization, which has a decisive influence on the emergence and operation of modular organization. Second, none of the studies concerning inward modular organization can be separated from the analysis of core enterprises. Therefore, the author chooses core enterprises as research objects, which is helpful in opening the "black box" of modular organization. Through analyzing the emergence and operation of core enterprises, this thesis gets a whole picture of the inner structure and operation process of modular organization, and further knows the inner integrity of modular organization. Besides, the study of core enterprises is a systematical engineering, which involves many aspects of core enterprises. This thesis takes the practical needs of leapfrog development of enterprises into full consideration, further focuses on the core competence of core enterprises, and explores these core competence on the basis of analyzing its emergence and operation. In addition, empirical studies are carried out to construct the core competence system of core enterprises, which will guide the modular development practice of large enterprises in economy society. Core competence in core enterprises is a brand new topic in the study of modular organization. In the study process, due to the lack of existing theories, the author meets a lot of troubles but still sticks it out, which is because of the practical meaning of the study. Therefore, the research results of this thesis not only deepen the existing modular studies to a certain extent and promote the systemization of modular organization studies, but also forcefully enhance the guiding effects of modular organization theories.

This thesis is based on existing modular organization theories and core enterprise theories. In Chapter Two, the thesis goes over existing major research results of modular organization and comments on the studies at home and abroad. Besides, as there's a lack of studies concerning core enterprises in modular organization field, the thesis reviews the studies of other relevant fields concerning core enterprises, such as supply chain, industrial cluster and network organization. The author not only relates to the characteristics of modular organization and defines the connotation of core enterprises in modular organization, but also reviews relevant studies concerning core enterprise theories. On this basis, the thesis identifies the core competence elements of core enterprises of modular organization in Chapter Three. Then, the thesis constructs a concept model of core competence system of core enterprises in Chapter Four, and finally constructs a core competence system of core enterprises through empirical studies in Chapter Five.

In identifying the core competence elements of core enterprises of modular organization, the thesis first considers the practical characteristics of core enterprise being the dominant player of modular organization, analyzes its leading position, and identifies the core competence as a kind of corporate network competence with "network boundary". Second, the thesis figures out the core quality elements of core enterprises on the basis of analyzing external environment driving elements and internal demand driving elements of modular organization, and makes an analysis of the emergence and operation of core enterprises. In analyzing the emergence of core enterprises, the thesis defines that the design subject of modular organization is core enterprises, and completes the construction of modular organization through designing organizational structure, organization process, function and power, organization performance and organization incentives after marking dominant rules and transactional rules. On this basis, the thesis constructs the integrated structure of modular organization, forms a systematic understanding of the emergence and influential elements of modular organization. It can be said that the formation of modular organization is also the process of core enterprise emergence. In analyzing the operation of core enterprises, the author defines the aims and process of core enterprises, builds a theoretical model of core enterprise operation in modular organization, and forms a clear understanding of the inner operation of modular organization. On the basis of analyzing the emergence and operation of core enterprises, the author fully considers the current status that there's a lack of core competence of core enterprise studies at home and abroad, takes the main tasks of core enterprises in the emergence and operation phases as objects, and figures out the core competence elements through content analysis and theoretical deduction. The core competence elements of core enterprises in their emergence phase are organization design and integration ability while those in their operation phase are organization study ability, organization innovation ability, organization coordination ability and organization management ability.

After identifying core competence elements of core enterprises of modular organization, the thesis classifies these elements and constructs a concept system model of core element system of core enterprises by proposing research hypothesis. Then, the thesis builds up a core competence system of core enterprise through empirical studies, which is composed of organization design ability, organization integration ability, organization study ability, organization innovation ability, organization coordination ability and organization management ability. What's more, through analyzing the core competence structure of core enterprises in empirical study, the thesis identifies the difference in the importance of these subordinate abilities to core enterprises and defines the specific approaches to cultivate and improve these subordinate abilities.

Finally, the thesis makes a test of the core competence system of core enterprises of modular organization through proving case analysis, which further confirms the practical guiding value of the study.

Key words: Modular, Modular organization, Core enterprise, Core competence

目　录

第 1 章　引言

1.1　问题的提出

伴随着经济全球化的逐步形成，市场竞争也呈现出全球化竞争的状态且日趋激烈。在此背景下，为了获取持续的竞争优势，企业将自身的重心逐渐聚焦到其核心业务上以提升在细分领域的专业性，进而致使企业间的分工不断细化，最终导致企业市场竞争态势发生了巨大的转变，即由传统的企业与企业间的竞争演变为基于业务专业化与归核化所形成的企业群与企业群之间的竞争。这种企业群也就是本书所提出的模块化组织。模块化组织理论强调以业务模块和设计规则来重组企业内部的组织结构，迅速反应和持续创新是模块化组织的核心理念。对于模块化组织的内涵范畴，目前理论界存在两种理解，一种认为模块化组织只是生产协作系统中的一个结点企业，主流观点则认为模块化组织就是指整个按照模块化模式运作的生产协作系统。我们接受并采纳后一种观点。确切地说，模块化组织是指通过基于专业化分工对组织价值链进行分拆进而形成各功能子模块，并按照一定的设计规则将分拆所得各子模块整合，以实现资源优化配置的企业制度安排。与战略联盟、网络组织等组织形态相比，模块化组织表现出了独特的优势：一是模块化组织不仅强调企业间关系，而且注重企业与市场的融合，试图将市场机制引入企业以提高资源配置效率；二是模块化组织更加具有创新优势和协同优势，并且能够对市场变化做出更加迅速的反应。正是由于模块化对产业与组织领域的巨大冲击，美国《汽车工业》杂志将其与 20 世纪 30 年代的福特流水线相提并论，青木昌彦（2003）更是形象地将模块化生产模式称为"新产业结构的本质"。

　　模块化组织并不是天然出现的。传统组织管理理论认为，任何组织形态的出现，都是组织设计师开展组织设计工作后的产物（任浩，2005），故模块化组织也不例外，其也是组织设计工作的结果，只是组织设计工作的内容从单一组织演变为跨组织的复杂系统，故传统的组织设计师也随即演变为系统设计师。此外，任何组织都是为了实现组织目标而存在，基于此，任何组织形态的最终产生，都需要经历形成与运行两个阶段，组织形成从"硬"的方面建立了完整的组织架构，而组织运行则从"软"的方面保障了组织功能在组织目标的引导下有效发挥。因此，系统设计师通过组织形成与组织运行两个方面跨组织设计工作的开展，完成了整个模块化组织的建构。可以说，对系统设计师展开研究，无论是对于科学认识模块化组织，还是从实践角度了解模块化组织的建构都具有非常重要的意义。

　　基于模块化组织形成，系统设计师需要对整个产业链非常熟悉，并在整个产业链中属于核心地位，且能够对产业链各环节产生重大影响。而基于模块化组织运行，系统设计师一方面需要制定组织目标，并根据市场进行动态调整，另一方面，则需要将组织目标有效分解给组织内各成员企业，并通过各成员企业资源的获取、整合、共享与协调，以保障组织目标的实现，故其在组织内应该处于核心地位，主导着整个组织的运行。因此，系统设计师实质上是模块化组织中处于核心地位的企业，即核心企业，其对模块化组织建构具有决定性影响。

　　基于此，我们一方面以模块化组织中核心企业为关键词对国内外主流文献进行了搜寻，另一方面对现有模块化组织理论研究成果进行了梳理与分析，所获得的结果却让人感到遗憾。现有相关研究成果，大多集中于组织理论研究，且停留在模块化组织表层，诸如模块的研究（Simon，1962；Baldwin，2000）、模块化的研究（Langlois，2002；Ulrich，1995）、模块化组织的研究（Sanchez，1996；Schilling，2001）、模块化发展路径的研究（Chesbrough，2003；郝斌，任浩，2007）等，只有较少研究涉及到模块化组织内部，诸如信息隐藏、内部淘汰、规则设计、背靠背竞争、运行机理等方面（Baldwin，2000；Schilling，2001；徐宏玲，2006；Schilling，2000；Mikkola，2003；任浩，郝斌，2009）。当前研究还处在一个对模块化组织结构及内在规则探究的过程中，而同核心企业相关的研究较为匮乏。在此背景下，对核心企业研究的展开就显得尤为必要和紧迫。可以说，核心企业研究的展开，有助于现有模块化组织理论的深化，引导现有模块化组织研究深入到组织内部，进而有助于推进模块化组织理论的体系化。核心企业的研究是一项系统工程，涉及到各个方面。通过进一步分析发现，核心能力的研究对核心企业其他研究的展开具有基础性和支撑性作用，因为核心企业无论是产生，还是运行等，都是其核心能力的功能体现，并且，还能够引导经济社会中的大型企业在通过模块化实现跨越式发展的过程中对自身核心能力进行有效地识别与培育。因此，本书将研究聚焦于模块化组织中核心企业核心能力，无论是从理论上引导模块化组织理论的深化，还是从实践上指导大型企业实现跨越式发展，都具有重要的价值。此外，本书以模块化组织中核心企业核心能力作为关键词，对国内外现有研究成果展开进一步梳理、分析，发现该领域的研究当前几乎处于空白状态，这就为本书的研究预留了较大空间，进一步突显了本研究的迫切性与价值。

1.2 本书的研究目的与意义

本书基于跨企业的协作视角，以模块化组织理论为基石，聚焦于模块化组织中核心企业，对其核心能力展开了较为全面且系统的研究。一方面，借鉴内容分析法，通过对模块化组织中核心企业产生与运行的内容分析，构建了模块化组织中核心企业产生与运行的理论模型，形成了对模块化组织中核心企业的清晰认识，明确了模块化组织中核心企业核心能力要素的理论依据；另一方面，通过实证，建立了模块化组织中核心企业核心能力体系，对企业实践提供了有效指导。具体意义有以下几点：

① 发展了模块化组织理论。当前模块化组织理论的研究大多集中在模块化组织表层，对模块化组织内在的研究非常匮乏。而本文的研究则是针对模块化组织内部最为重要的核心企业的核心能力，在一定程度上，有助于实现当前模块化组织理论的深化，实现模块化组织理论研究的深入拓展。

② 形成了模块化组织中核心企业核心能力研究的理论框架。本文借鉴了内容分析法，将研究聚焦于模块化组织中核心企业，并形成了通过对核心企业产生的分析，挖掘其核心能力要素，同时通过对核心企业运行的分析，探寻其核心能力要素，并进一步对核心企业核心能力体系进行构建的研究方法，形成了对模块化组织中核心企业核心能力研究的理论框架，在一定程度上，对

后续针对模块化组织中核心企业其他方面的研究从研究方法上形成了引导。

③ 为我国大型企业实现模块化发展模式及其虚拟化运作实践提供理论参考。本书理论研究成果能够让我们清晰地认知核心企业所需要具备的素质及条件、核心企业如何构造模块化组织、核心企业如何主导模块化组织运行、核心企业核心能力如何培养等关于模块化组织理论对实践有效指导的重要问题，能够对我国大型企业的模块化实践提供重要的理论参考。

1.3 本书所用研究方法

① 多学科研究方法。在研究的过程中会涉及到组织管理学、博弈论、数理统计学、行为学、社会学等学科。通过多学科交叉，找到新的研究切入点，实现理论的突破。

② 实证研究与规范研究相结合。本书作为一项前沿性、探索性研究，试图在理论体系上予以完善，因此采用了以规范分析为主的研究方法。但为了提升理论的研究价值及其普适性，又引入了实证分析方法，通过实证结果的探讨，建立理论体系。

③ 内容分析法。内容分析法是一种对文献内容做客观系统的半定量分析的研究方法，其目的是弄清或测验文献中本质性的事实和趋势，揭示文献所含有的隐性情报内容，对事物发展作情报预测。基于模块化组织中核心企业核心能力的当前主流研究处于几乎空白的现状，本书借鉴了内容分析法，通过对模块化组织中核心企业产生、运行的理论研究与拓展，挖掘出模块化组织中核心企业的核心能力要素。

④ 典型案例研究方法。本书选取了戴尔电脑和中国商飞的典型案例，对模块化组织中核心企业核心能力体系的应用进行了实践性的探讨，从而为本书的理论研究提供案例支撑，也为进一步的实践提供了操作层面的指引。

1.4 研究内容与结构安排

章节安排如下。

第1章引言：首先介绍了本书的研究背景，研究的意义与目的，并对研究方法、研究内容与框架进行概括性描述。

第 2 章文献综述：首先对企业间关系理论从关系内涵及影响要素、关系产生动因、关系分类、关系协调等方面进行了梳理，形成了对模块化组织理论基础当前研究状态的客观认识。进而，从模块、模块化、模块化发展路径、模块化组织等方面对模块化组织理论的整体研究现状进行了整理与述评。其次，从供应链、产业集群、网络组织等多视角对核心企业研究状态进行了分析，基于此，结合模块化组织的特性，对模块化组织中核心企业进行了初步界定，并对核心企业成长的相关研究文献进行了整理。最后，针对核心企业能力的相关研究，进行了梳理与述评。

第 3 章为模块化组织中核心企业核心能力体系内容分析：首先对模块化组织中核心企业核心能力的概念进行了探索，然后对核心企业核心素质进行了识别。其次，借鉴内容分析法，通过对模块化组织中核心企业产生阶段的理论研究，明确了其在该阶段的主要任务，并进行了其核心能力要素的有效识别。最后，通过对模块化组织中核心企业运行阶段的深入研究，确定了其在该阶段的主要任务，进而有效识别了所需具备的核心能力要素。

第 4 章为模块化组织中核心企业核心能力体系概念模型：首先，对模块化组织中核心企业核心能力的内涵进行了深入挖掘，并以核心企业产生、运行阶段的主要任务为依据，对核心企业核心能力进行了解构，将其划分为组织设计能力、组织整合能力、组织学习能力、组织创新能力、组织协调能力与组织治理能力六个维度，并基于功能上的差异性，将其归纳为三个类别。进而，通过研究假设的提出，一方面对后续实证的展开形成引导，另一方面构建了模块化组织中核心企业核心能力体系的概念模型。

第 5 章为模块化组织中核心企业核心能力体系实证：首先，明确了模块化组织中核心企业核心能力测量的理论依据。其次，设计了模块化组织中核心企业核心能力测量的量表。最后，通过量表信度与效度的检验，一方面构建了模块化组织中核心企业核心能力体系的结构模型，另一方面对模块化组织中核心企业核心能力体系同模块化组织建构的关系展开了分析，并最终建立起了模块化组织中核心企业核心能力体系。

第 6 章为典型案例分析：选取了两个典型案例，戴尔电脑的案例从核心企业产生与运行的角度，对其核心能力进行了认知，而中国商飞的案例则从核心企业核心能力体系应用的角度，对其核心能力实际运用进行了认识，进而对本书的理论研究形成了支撑。

第7章为结论与展望：总结、罗列了需要进一步研究的问题，并提供了思路。

全书逻辑框架如图1.1所示。

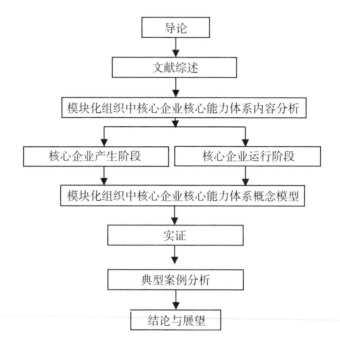

图 1.1　全书各章节内容概述

第 2 章　文献综述[①]

2.1　模块化组织理论文献述评

新经济时代背景下，基于企业战略向业务聚焦化的转变，企业开始逐渐剥离其非核心业务，向核心业务聚焦，并通过同在其非核心业务领域具有细分专业优势的企业展开协作，形成了资源跨企业的优化配置，进而驱动了模块化组织作为一种新型组织形态的出现。基于此，模块化组织内部包含着各种复杂的企业间关系，且其内部松散的耦合方式（Schilling，2001）使得企业间关系的管理对于组织系统的有效运行与目标实现在某种程度上存在着决定性的影响。因此，企业间关系的相关研究成果应该是模块化组织理论相关研究得以有序、系统展开的基础。

2.1.1　模块化组织理论基础：企业间关系的研究

自企业诞生的那一天起，就存在着企业间关系。可是，国内外学者们理论研究的关注重点，在相当长的时期内却仅停留于企业的内部。伴随着生产领域发展阶段的持续提升（手工作坊→工场手工业→机器大工业），管理理论也随之获得了快速的发展（亚当·斯密分工理论→泰勒科学管理理论→管理理论丛林）。但是，在传统的管理学研究中，其研究的出发点和归宿基本上都是着眼于企业内部的管理体系，进而对如何提高企业生产效益等问题展开探

---

① 本章主要内容在《管理现代化》《特区经济》《商场现代化》《上海管理科学》《International Journal of New Technology and Research》等期刊发表。

究，处理的是岗位之间或者是部门之间的关系。即便是在西方经济学对于市场类型的划分中，也只能笼统地按照竞争程度的高低来理解企业之间的关系。而把关系的视野拓展到企业外部，即企业与企业之间，并在理论研究上将企业间关系界定成研究对象，进而开始通过合作与竞争两个维度来对企业间关系展开研究工作，则开始于上世纪六十年代，且从上世纪八十年代初开始，"企业间关系"或"企业间关系网络"已经成为学术界热烈探讨的课题。通过分析当前企业间关系的主要研究成果，可以发现，研究重点主要集中在四大块，即企业间关系内涵及影响要素、企业间关系产生动因、企业间关系分类以及企业间关系协调。

1. 企业间关系内涵及影响要素

企业间关系是指出现在两个或多个企业组织之间的相对持久的资源交易、资源流动和资源联结（Oliver，1990），或者具体地说，企业间关系是指生产商和供应商、经销商、竞争对手、互补企业等之间的关系（江若尘，2004）。这些对于企业间关系的定义是较为表象的描述，有必要对企业间关系的内涵及其影响要素进行深入理解。

（1）企业间关系内涵

在对企业间关系内涵的探讨中，企业间关系被定义为一种利益的交换（Wong，2000），此外，还被理解为一种相互间的依赖关系（Holmlund，1997），以及要素在相互作用中实现互补与融合（Su Chenting，2002）。此时，关系双方的声誉与信任无疑至关重要，这需要企业在网络环境中反复地试错，通过广泛的信息交换和知识积累，逐渐将相互关系确定成一种相对稳定、持久地协作关系。而在这种相对稳定、持久地关系架构内，企业间会逐渐形成双向互动的信息流、物质流与知识流，在企业间相互关系的过程中，由于其各自所扮演的角色存在差异性，进而形成了两种不同类别的双向互动模式，即主从关系模式和对等关系模式。在主从关系模式中，信息、物质与知识更多地体现为一种单向的对流，诸如模块化组织中核心企业通过制定主导规则和组织价值链分拆，向成员企业传递信息、知识与标准，成员企业则向核心企业提供符合标准或要求的产品服务模块，以便于核心企业实现产品或服务模块的集成。而在对等关系模式中，信息、物质与知识则体现为一种交叉的互流，诸如技术创新网络中企业间信息与知识的互流。可以说，这种互流关系在某种程度上是一种持续进行与不断反复的过程或活动，而在这种过程中，往往需要涉及到企业间利益的协调、企业间文化的融合与企业间目标的匹配，进而会促使企业间价值整合的逐渐实现。基于此，我们认为，企业间关系是企业与网络环境中其他独立企业之间建立在声誉与信任基础上的一种持续的价值整合关系。

　　具体来说，可以从五个方面来对企业间关系内涵进行系统认知。

　　①企业间关系的实质是一种合约联系。这种合约联系包括了正式与非正式两种类型。对于正式的合约联系，往往体现为诸如正常的相互交易（生产网络、供应商网络）、合作研发（产、学、研创新网络）、战略网络（企业联盟）等形式。而对于非正式的合约联系，则体现为诸如情感网络（华人企业家联盟）、文化网络（日本企业间互动关系）、血缘网络（家族企业整体架构）和地域网络（美国硅谷）等。

　　②企业间关系体现为一种历史依赖性。企业间关系的产生是基于企业在过去的相互作用中所形成的相互整体性判断，而企业间关系的维持则是基于企业相互对未来发展的期许。所以，企业间关系存在一种历史的联系，而越是随着企业间关系的持续维系，这种存在于企业间关系中的相互依赖会日趋增强。

　　③企业间关系构成呈现出一种多重性。通过对企业间关系中企业与企业相互联结过程的分析，可以发现，在关系结构中存在诸多具有明显差异的主体，而关系网络的形成则正是在于其相互多重、复杂的联接。此外，不同企业的人员都参与到企业间关系的实际发生过程中，使得企业人员逐渐实现了认识、语言、文化、情感等社会特征的交融，相互间又形成了一种社会网络。同时，由于企业间关系中不同的主体在商业活动中角色的不同，使得其处于价值链的不同环节，而其相互的活动则完成了各价值环节的有效对接，形成了一种商业价值网络。

　　④企业间关系同时具有显性与隐性两种表现特征。显性的企业间关系往往表现为一种基于正式合约的相互关系，诸如特许经营、委托研发、代销合同等。而隐性的企业间关系则更多的体现为一种文化、亲缘、情感、地域等的相互关系，诸如家族关系、个人关系、老乡关系等，此外，这种隐性的关系存在难以模仿、路径依赖和价值性的特点，是一种战略性的资源。

　　⑤企业间关系能够有效持续。持续性是关系网络有别于市场的一个重要特征。在关系网络中，时间是一个非常重要的联络因子，与企业间关系相关的历史因素及未来期望，都会极大地影响着企业间关系的现存状态。可以说，

一种有效关系从建立、维护到发展，在时间上是连续的，而正是这种连续的特点，使得企业相互的关系得以稳定，进而形成了一种关系网络。因此，关系的重要作用在于建立了企业间长期的、相对稳定的、持续的联系。

其实，不同的理论学派，因其关注点的差异性，对企业间关系内涵也持有不同的观点。诸如，在完全竞争条件下，由于买方与卖方均不能影响市场价格，企业间只能通过价格机制发生联系。因此，企业间按照市场产生的均衡价格买卖商品即可，没有必要在市场之外发生任何关系。此时，企业间关系并无实质内容。而在不完全竞争条件下，关于企业的信息仍然只是数量和价格，对于企业间纵向一体化等涉及企业间关系的问题，仍无法给出令人满意的解答。可见，长期以来，企业间关系问题并没有得到足够的重视。

（2）企业间关系影响要素

对企业间关系形成产生影响的要素存在很多，资产专用性程度、所有权关系和交易是关键性要素（孙川，2006）。

①资产专用性程度。对企业间关系尤其是企业间相互长期的交易关系，具有较大影响的要素是资产的专用性程度。可以说，资产专用性程度越高，则相互交易的双方越趋向于建立并维持一种长期的、持续的交易关系，进而所形成企业间关系的组织特征就会更加明显。但是，若资产专用性的程度越低，将会直接增强交易双方所拥有的自主性，进而使得交易的稳定性较弱，市场对相互关系的影响就更加明显。

②所有权关系。企业间所存在的所有权关系可以划分成两个层次：产品所有权的相互共享或交换与企业所有权的相互控制。产品所有权的相互共享或交换主要是通过企业间所存在的各种产品交换的具体形式来体现，覆盖了研发、技术、产品、服务等方面的具体交易，可以说，其处理的是一种相对简单的交易关系，其强调的是一种"弱关系"，基于此所最终形成的企业间关系或以资产专用性为主，或以市场机制为主，或两者兼有。而企业所有权的相互控制则主要体现为交叉持股、部分持股、控股等，可以说，其是企业间关系最为基础性的问题，其强调的是一种"强关系"，基于此所最终形成的企业间关系更加稳定和紧密。

③交易。对于交易而言，其本质特征可以描述为一种所有权或财产权的互换。在市场经济中，交易的行为必须要遵循一系列的制度规则，诸如交易习惯、法律、市场原理等。而企业间的交易关系，往往以契约的方式得以体

现，在某些特定情况下也存在着一些因双方默契或口头约定而产生的交易关系。基于企业间关系角度，交易在一定程度上具有协作性和排他性两种重要属性。

2. 企业间关系产生动因

20 世纪 90 年代以前，有关企业间关系产生的动因大致有 6 种解释，涉及交易成本经济学、资源依赖理论、战略选择理论、利益相关者理论、组织学习理论和新制度理论等（邵兵家，2005）。而此后，从关系理论的研究视角来看，对于企业间关系的产生，主要集中于 4 个方面的理解，即资源基础观、知识基础观、社会逻辑观和组织学习理论（Ireland，2002）。综合企业间关系研究的实证文献，我们认为，企业间关系产生的动因，主要包括以下几个方面。

（1）交易成本最小化

从经济学中企业追求利润最大化的假设出发，企业间关系的存在是通过跨组织活动来降低企业的生产和交易成本。科斯在交易成本理论中提出，交易成本的节省是企业产生、存在以及替代市场机制的唯一动力。同时，由于企业管理也是有费用的，企业规模不可能无限扩大，当利用企业方式组织交易的成本等于通过市场交易的成本时，就形成了企业的边界。然而，交易中的市场失灵会带来不确定性和机会主义行为，独立企业也会因为科层制中人的有限理性与道德风险而引致效率下降。因此，合资企业、网络组织、企业联盟等跨越企业边界的活动开始出现，形成了介于独立企业与市场之间的新的存在方式，这种企业间关系比市场或科层组织更有效率。例如，网络组织中的成员通过专业化来降低总成本，参与者的机会主义行为也可以通过成员间的相互信任和成员对网络组织的需求而得以降低（Jarillo，1988）。

（2）资源获取的需要

随着市场竞争的日益激烈，企业在运行中需要依靠多种不同的资源，以建立起可持续的竞争优势。然而，完全通过市场交易或并购行为并不能解决企业的资源需求问题，企业必须依赖外部环境以获取资源，即通过发展企业间关系来共享或交换有价值的资源，从而使企业间产生了基于资源获取的依赖关系（钱平凡，1999）。这种关系是以信任为基础，重视企业间的能力互补、资源共创和协调，企业间关系则是趋于合作或竞合（罗珉，2007）。企业通过关系网络从外部获得的关键资源包括渠道、资本、服务、信息、知识，以及其他可以保持或提升竞争优势的资源。其中，互补性知识、信息和资产则成为企业建立核心能力的战略性资源。企业通过建立、应用并整合相关的知识，提供产品和服务的附加价值。而发展企业间关系的主要目的就是将拥有不同知识的组织整合起来，并在此基础上创造出新的知识（Kogut，1992）。也就是说，独立企业通过与其他企业的互动，得以接近外部知识，并与其既有的知识进行整合，产生新的知识应用情境（罗珉，2007）。正是由于企业不可能拥有这些必需的资源，其结果就产生了企业间关系。

（3）创新模式的变化

技术创新是经济可持续发展和提高国家竞争力的迫切需要，也是企业生存与发展的关键驱动力。企业的技术创新大体上历经了简单引进的前创新、集成改进的模仿创新与注重研发的自主创新三个阶段。在封闭式创新模式下，企业强调在内部发现关键性的技术资源，经过自身的研发渠道，将新创意、新技术转变成新产品，并从中获得价值。然而，由于熟练工人的可获得性和流动性越来越强、风险资本市场的发展、被搁置的研究成果面临更多的外部选择机会，以及外部供应商的生产能力不断提高等破坏性因素的存在（亨利·切萨布鲁夫，2005），企业发展将不再完全依靠其内部的计划、想法，而是要能有效地利用企业内部和外部的所有创意，从而强调了外部知识资源对于创新过程的重要性，即应该寻求开放式创新的途径。在开放式创新模式下，企业技术创新的商业化路径除了依靠自身内部推动，更需要通过外部途径来实现，即在创新链的各个阶段与其他企业形成多角度动态合作的伙伴关系（陈钰芬，2008）。

（4）网络关系资源化

在市场活动过程中，独立企业之间由于运营发展的需要，必然形成一系列水平或垂直的相互联系，如企业与供应商、分销商、顾客、竞争对手以及其他组织（甚至是本产业以外）之间的相互关系。起初，这些关系并未得到足够的重视。然而，随着知识成为企业创建持久性竞争优势与核心能力的关键要素，以及网络关系成为企业取得多元知识的重要途径之一，企业间关系的正面影响日益显现和重要，并成为一种具有特质性的不可模仿的资源，以及一种创造资源的手段和获得资源与信息的途径（Gulati，1999）。而且，关系资源为企业提供有价值的信息，使网络中企业的行动比竞争对手更加迅速，从而也可以使企业获得竞争优势（Gulati，1990）。通过合作，企业获得新知识，它能够与企业内生的资源相结合以实现增值，即企业间联盟的间接利益或持久的内在收益（Khanna，1998）。特别是，企业间长期合作形成的特殊关系更有利于知识的产生、转移与整合（Dyer，2000），是关系租金和竞争优势的重要来源。

（5）组织学习的实现

环境的变化要求企业具有较强的适应能力，能够对外部环境的刺激采取某种适应性行为，而企业所采取的行动，也将会得到环境的响应或反馈，从而形成经验，以改善企业的现有活动能力（March，1991）。当行动的效果与期望相比产生误差时，企业也要通过组织学习的集体探究过程，对这种误差进行修正与矫治（Argyris，1978）。可见，独立企业需要不断进行组织学习与创新，通过知识的沟通、整合与创造，获得持续竞争优势。组织学习目的的实现，正是建立在重视企业间关系的基础之上，通过有效建立和管理企业间关系，使企业可以把向其他组织习得的经验、知识等转换成常规并加以保存。并且，通过利用企业间关系成员的知识来进行知识创造以获取竞争优势，提高建立、管理和利用企业间知识的能力。

（6）优势企业的主导

企业在技术、营销渠道等方面拥有话语权的情况下，可以成为优势企业，并以自身为核心，带动其他众多企业协同发展。在这种商业生态环境中，企业各自具有法人资格，但独立企业间已经不仅仅局限于市场化的运作关系，而是形成以优势企业为权威的彼此间利益可以相互协调的新型关系。如以微软、沃尔玛等优势企业为核心形成的有着诸多中小型企业参与的庞大运营网络，就是这种企业间关系的典型代表。同时，当企业标准成为行业标准时，该企业就成为行业中的优势企业，其他企业则必须遵照这一标准进行生产运作，并向优势企业缴纳相应的专利使用费，此时，其他企业会在跟随战略下与优势企业保持一致关系，从而也会形成特殊的企业间关系。

3. 企业间关系分类

根据不同的纬度，企业间关系可以划分为不同的类型。

（1）以企业间联结的紧密程度划分

根据企业间联结的紧密程度，企业间关系可以分为紧耦合型和松耦合型两类（Barringer，2000）。前者是指企业之间通过正式的组织结构或所有权关系联结起来，如合资企业；后者则是指企业之间很少形成正式的组织结构和所有权关系，如企业联盟。

（2）以竞争与合作的程度划分

一直以来，竞争与企业相伴并成为企业间关系的主旋律，但是，随着供应链管理、虚拟化组织、组织结构的网络化以及模块化等企业组织发展新趋势的出现，企业间的合作关系日益突出，并成为企业生存与发展的关键所在。以此为基础，企业间关系能够划分成四大类型，即竞争关系与合作关系，以及合作竞争关系与共生关系（陈国权，2001）。具体内容见表2.1。

表2.1　以竞争与合作程度划分的企业间关系

比较内容	竞争关系	合作关系	合作竞争关系	共生关系
核心思想	你死我活的较量	双赢	同一企业有不同角色，企业间是复杂的网络关系，在某些领域合作、竞争	企业与环境互动，企业之间以互利的方式在商业生态系统中共同进化
市场条件	相对稳定、线性可测	无序、突变、不可预测	互动性、动态性	混沌、非线性
理论基础	种群生态学、波特的竞争理论	能力理论、组织生态学、博弈论	合作竞争理论、动态能力理论	复杂理论、商业生态系统理论
产生背景	供大于求，买方市场形成	竞争日趋激烈，企业专业化分工成为趋势	全球经济一体化、竞争白热化，使企业在增强竞争力时，注意力由内向外转移，意在开阔企业分析组织间关系的视野	
战略管理重点	培养、利用和提升核心能力，发挥其杠杆作用	快速敏捷地打破均衡，不断创新	PSRTS模式分析，保持合作竞争关系	保持商业生态系统进化和关系网络管理
关系的特征	独立性	互惠互利性	依赖性、独立性	互惠互利、相依为命

（3）以企业间相互作用的频率划分

按照企业间相互作用的频率，企业间关系大体上可以分为对称与不对称两种类别（Schnnidt，1977）。对称关系包括两种情况，一是当两个企业都没有从相互作用中觉察到利益获得时，企业间就会出现最低频率的相互作用；二是当两个企业都从相互作用中觉察到利益获得时，企业间就会出现最高频率的相互作用。不对称情况下，一个企业觉察到相互作用的利益，另一个企业却没有，此时，相互作用的频率要高于都没有觉察到利益时的情况而低于都觉察到的情况。在不对称关系中，当一个觉察到较低利益的企业认为另一企业有以下情形时，即认为另一企业有与其自身相一致的目标；对其自身组织的功能是重要的；对其组织有更大的影响，等等，企业间相互作用的频率会更高。可见，权力依赖框架在预测相互作用频率方面会最为有用。

（4）以界面清晰程度划分

界面在组织理论中包含了组织间结点关系及其协调之意（Wren，1967），当系统或组织各部分需要相互连接、相互支持时，界面则得以产生。对于企业间关系而言，依据界面的差异性，可以将其划分为界面清晰的市场关系与界面模糊的非市场关系（又可称为准市场或中间组织关系）。在市场关系中，企业间的专业分工较为明确，且企业间的角色定位也较为清晰，企业和市场之间的界限较为明显，此外，界限还可以进一步划分为横向边界和纵向边界两个部分，其边界点位于其边际收入同边际成本相等的地方（江若尘，2008）。而在非市场关系中，企业间关系是在相互依存且相互自律的基础上建立起来的一种动态调整关系，这种关系下的中间组织又分为群、战略联盟和企业网络等类型。

4. 企业间关系协调

协调是有效管理活动间所存在的差异性，协调机制则是对行为之间的相互联系进行管理（Malone，1994）。总体来看，对企业间关系中协调问题的研究，主要有三个视角，即供应链、虚拟企业和模块化组织中企业间的协调机制。

（1）供应链企业间关系的协调

供应链协调机制的研究始于 1960 年克拉克（Clark）对多级库存/销售系统的研究，随后的研究逐步丰富和深入。胡昂（2001）对供应链中制造商和销售商之间基于合作博弈、非合作博弈及纳什（Nash）模型等三类关系模式进行了研究，此外，还在以产品宣传为目的的企业间合作中对理论成果进行了应用分析（Huang，2001）。而要缩短供应链中实体企业间所存在的往复循环的时间，则需要尽可能地建立一种以相互信任为基础的合作模式。从较多的相关研究成果中，可以发现，供应链整体的响应能力能够通过在供应链内建立并维系企业间的信任关系得以有效改善和提升。此外，还有一些研究成果表明，基于供应链管理有效性的持续优化，企业内最高管理层所应发挥的功能和作用需要不断地进行强化，并明确了企业内最高管理层在整个供应链管理优化过程中的积极支持性作用，尤其在对供应链进行组织变革、文化变革和系统变革等方面，然而，在将供应链内企业间所存在的"敌对"关系逐渐缓解并改变为"信任"关系的过程中，其也起到了非常关键的作用（Buzzel，2002）。另外，在供应链的管理与运作方式方面，应建立非对称信息条件下的协调机制（李芳芸，1998）。

（2）虚拟企业间关系的协调

虚拟企业间关系的协调机制，斯恩（2000）将其界定为局部代理机制、任务分解机制和虚拟聚集机制三部分（Shen，2000）。此外，还有学者针对性地提出了虚拟企业协调需要有效解决的两个问题，其一为虚拟企业中如何建立有效的协调机制，即如何基于企业间协调进行具有预防作用的相关制度与规则的设计与安排；其二为虚拟企业中如何构建一种基于协调问题解决的模型，即如何设计并建立一种具有应急作用的协调问题解决对策体系（陈剑，2002）。随着将信息技术工具应用于企业间协调问题的解决，基于信息平台的协调管理构架，张青山（2003）认为，虚拟企业间协调机制的完整体系应该由信任机制、目标机制、群体协商机制等构成，而且，在虚拟企业中，还应该可以通过协商层、协作层与信息层等不同的层次展开体系化的互动，进而使得虚拟企业间协调机制在实际运作中的有效性能够获得提升，同时，卢少华（2004）还提出，对于供应链协调与效益优化策略、盟员选择机制及激励机制、信息协调策略等问题还需要展开更加详尽的研究。另外，也可以从信息技术、界面设计、跨文化管理、知识管理等角度设计虚拟企业间界面协调机制（李刚，程国平，2006）。

（3）模块化企业间关系的协调

目前，模块化生产网络在经济全球化背景下具有更好的绩效表现（Sturgeon，2002）。曹瑄玮和席西民（2006）提出，对于模块化组织的有效运行，其最为关键的工作在于对各模块间进行有效的协调，模块化组织研究工作的展开应该从探寻组织内企业间协调机制切入。此外，在充分借鉴产品设计/制造界面间协调机制相关研究的基础上，在组织运行的各阶段，基于团队、关系、标准、决策权分化、自组织等五种主要的协调原则，曹磹玮和席酉民（2006）建立了共同设计、化解冲突、过程控制等15种企业间关系协调机制。而亨德森（Henderson）则从另外一个角度对模块化组织中企业间关系的协调机制进行了探究，其认为，非结构化、非正式的协调机制对于模块化组织而言，具有重要的作用，这种协调机制是针对具体活动进行协调，而并非对行动者直接进行协调，这种协调机制跨越了组织边界，而这种基于跨组织与技术边界，对组织内知识重新组合的整体架构性能力则集中体现出模块化组织的核心优势。

2.1.2　模块与模块化的研究

1. 模块

模块一词原本是计算机领域的专业词汇，意指在系统中承担独立功能的标准化单元或组成部分，或者用以组成更大系统的独立集合体。西蒙（Simon，1962）最早将其引入企业管理研究，用以化解生产中的复杂性。鲍德温和克拉克（1997）也认为，模块技术是在信息技术革命背景下，产业发展中逐步呈现出来的用于解决复杂系统问题的新方法。他们在随后合著的《设计规则：模块化的力量》一书中进一步指出，模块是一个单元，其结构要素紧密地联系在一起，而与其他单元中要素的联系相对较弱（Baldwin，Clark，2000）。这一定义阐明了模块的两个方面的特点：第一，模块本身作为一个子系统，其内部要素紧密地联系在一起，其中有些可以进一步分割，有些则构成了不可分割的最小单元；第二，模块是一个独立的单元，或者说一个半自律的子系统，与其他系统并不存在太强的联系，这也是模块作为一个独立子系统的必然要求，因为与外界的联系意味着本身独立性的下降，同时也会出现功能上的外部依赖性，以至影响其独立功能的实现。

模块其实是一个相对于系统的概念，不同的模块在系统内部按照某种事先约定好的规则有序地糅合在一起。模块只有嵌入系统中，才能发挥其功能和价值。系统则是作为模块的母体而存在，在其内部包容一切联系性。比如，汽车座椅可以看作一个模块，因为它符合模块定义中所要求的各种条件：本身作为一个单元，具有驾驶中乘坐的功能，与汽车其他单元的联系相对较弱，一旦离开了整车，将无法发挥功能，或者说至少其价值无法得到充分的显现。单个模块也许可以继续再细分成更多的小模块，也许不可以，这需要考虑到细分的经济性。然而，在实际操作中，并不存在统一的模块划分标准，只能依靠专业人员的经验判断。

模块的内部结构可能相当复杂，但是从外部来看，模块之间的关系必须符合一套明确界定的联系规则，这种联系规则决定了模块之间的关联方式。有时候这种规则被模式化为特定的界面，通过界面的联接，进一步简化模块之间的关系。另一方面，不断发展的模块标准化更加促进了模块的发展与创新，也增强了模块的"即插即用性"，使得模块之间可以形成不同的组合，参与模块化生产的企业可以在很短的时间内生产出不同类型的产品。同时，模块的研发是一种"允许浪费"的价值创造过程，赢者通吃的分配方式可充分激励各模块主体的创新精神，也确保了模块研发在价值创造上的有效性（李平，2006）。

2. 模块化

模块化在技术和组织设计两个领域均被广泛使用（Langlois，2002）。典型的模块化最早产生于计算机行业，由冯·诺依曼首次提出模块化的设计构想，随后被 IBM 发展，用以设计并完成了第一个模块化计算机产品族：IBM360 系统。该系统的诞生，彻底解决了计算机的兼容性、不断扩展的复杂性以及由此引起的升级成本极高的问题。360 系统的诞生是一个具有里程碑意义的事件。作为第一台以模块化方式设计的商业计算机，IBM360 系统创造了巨大经济价值，也因此在经济系统中产生了波浪式的冲击效应。在遭遇由新计算机系统及其设计过程掀起的波澜之后，企业、市场和金融制度全都发生了变革（Baldwin，Clark，2000）。所有这些变革为产业发展开辟了新的演进道路，并由此改变了产业结构。

除了计算机行业，模块化还大量存在于汽车、软件、通信设备、生物医药工程、时装业、金融服务等行业。在这些行业中，知识和信息作为技术创新和服务创新的关键要素，决定着企业的研发效率。通过引入模块化设计，一方面增强产品系统兼容性，另一方面提高创新速度，加快产品的更新换代。实践中，这些行业正在向能力要素的模块化转型，并在模块化过程中表现出了一些共同特点：不但可以在物质形态层面上拆分以实现更加专业化地生产，而且在信息交易层面和知识层面的模块化更能显示出某一模块的价值（徐宏玲，2006）。这也说明了模块化的应用，更多地出现在知识密集型行业，而非传统的劳动密集型行业。

模块化在实践中的普及，引发了我们对于模块化内涵的思考。少数学者认为模块化是实现定制化和低成本的关键因素。从这个角度出发，派恩（Pine，1993）指出模块化是大规模定制化生产的要求，乌里齐（Ulrich，1995）认为模块化的应用能够帮助企业增加产品生产的多样性，并缩短送货周期。模块化的使用与大规模定制之间的关系如此之明显，以致一位学者这样描述道："从某种程度上说，如果大规模定制产品没有模块化，他们将不得不被摒弃（Berman，2002）。"顺着这条思路，大规模定制的出现就意味着产品模块化，并且模块化的优势很可能被认为是大规模定制的产物。然而，简单地将模块化等同于大规模定制，不仅错误地理解了模块化的内涵，而且限制了模块化思想在企业管理中的应用以及模块化优势的发挥。

实际上，模块化是一系列用以管理大范围、相互依赖系统的基本设计范式。它涉及将系统分解为离散的子模块，这些子模块通过标准、界面、规则实现相互间的交流和协作（Langlois，2002）。这决定了模块化结构是一种嵌套的等级结构。基于此，鲍德温和克拉克将模块化定义为一个利用设计结构和设计参数相互依赖关系的知识来创造设计规则的过程，它是一种特殊的设计结构，其中参数和任务结构在单元（模块）内是相互依赖的，而在单元（模块）之间是相互独立的（Baldwin，Clark，2000）。麦克纳和加斯曼（Mikkola，Gassmann，2003）则将模块化总结为一种新的产品开发战略，其中，产品结构中的成员共享界面是具体化的、标准化的，以便允许产品家族中更大的可替代性。这一定义将模块化升级为一种战略，从战略角度界定模块化的功能。费克森（Fixson，2003）把模块化看作是一组产品特性的组合，而不是单个的特征，并且不同的学科和观点对这组元素各有侧重。斯其林（Schilling，2000）则认为，模块化涉及到系统拆分与整合的程度。与以上学者的定义相比，青木昌彦的定义更多地被中国学者所采纳。他认为，模块化是指半自律的子系统通过和其他同样的子系统按照一定的规则相互联系而构成更加复杂系统的过程（青木昌彦，2003）。这一界定很好地揭示了模块化的本质，但同时存在着不足，体现在：模块化不仅代表着整合，同时也包括拆分，换句话说，它是一种双向互动的过程，并在这一过程中实现复杂系统的模块化。

综合以上观点，我们不难发现，模块化具有以下特点：首先，模块化是一个过程，这一过程不仅包括系统的分拆，还包括子模块的整合；其次，模块化一般发生于复杂性系统内，用以解决复杂性问题；再次，模块化需要相应的规则作为指导；最后，组成复杂系统的模块是半自律的，它们一方面受制于整体的规则，另一方面又可以作为一个独立的个体而实现某些功能。因此，我们将模块化定义为：模块化是指按照特定的规则所进行的复杂系统的分拆与整合的设计过程，这一过程的结果是更多的半自律性子系统被创造出来，并且它们之间通过规则相互关联，共同组成一个整体的模块化系统。

3. 模块化的发展路径

切斯布鲁（Chesbrough，2003）认为模块化的发展路径是：技术模块化到市场模块化，再到组织模块化。从实践发展过程来看，用于产品革新的技术创新首先会带来产品在外形、功能以及生产方式等方面的变化。因此技术模块化的结果是产品模块化设计与生产方式的诞生。这种设计模式与生产方式的出现，导致原有产业结构的调整和新产业规则的产生，即产业模块化。此时，作为产业子元素的组织，必然会在结构和资源整合方式上进行相应的调整，组织模块化因此而成为组织适应环境变化、进行战略调整的有效手段。基于此，我们认为，模块化的发展遵循"技术模块化→产品模块化→产业模块化→组织模块化"的路径。

（1）从技术模块化到产品模块化

技术的演进是从相互依存（Interdependency）状态向模块化设计结构转变，再返回到相互依存状态（Chesbrough，2003）。在技术从相互依存状态向模块化结构转变的过程中，产业内部存在对产品零部件进行功能区分的必要性，而这又决定于技术的可分裂性。在技术可分裂的前提下，更多的厂商参与到技术研发当中来，形成了以主导厂商为研发主体、追随厂商分别承担少数模块产品的研发工作的技术创新协作网络。这种技术创新网络是更高层次的技术战略联盟，它区别于传统联盟的关键在于，技术创新活动是以某个或少数厂商为中心而展开的，即技术模块化格局得以形成。换言之，在技术模块化网络内部存在着技术主导权，这种主导权决定了技术创新的方向和技术接口。从某种程度上说，技术模块化的产生源自知识外部性与分工创新。知识外部性不仅推动技术外溢，同时促进技术融合。技术外溢表现在三个层次上：企业内的技术外溢、企业间的技术外溢以及技术的复合外溢。技术外溢会诱导出技术的系列性创新并且进一步地形成外溢，从而促进新市场的形成。而新市场的形成又会为创新者带来利益，并推动新一轮的创新，由此形成了"创新—外溢—创新"的技术发展循环。技术融合其实是另一种形式的技术创新，即技术的组合创新。技术模块化更多地是将系统性技术进行分解，从而形成分散创新之势，而技术融合则通过将分解的技术融合在一起，以实现技术创新边界的重构。实际上，技术模块化不仅仅是系统技术的分解过程，同时也是分块技术的整合过程，而技术融合在很大程度上促进了这一整合。分工创新是指相对于传统分工模式的新劳动分工模式。目前，分工创新主要体现在三个方面：一是产品内分工进一步细化，二是分工效益的分配呈现出非均衡性，三是在分工体系内形成了新的控制架构。细化的分工构成了技术模块化的基础，而新的控制架构和利益分配模式的形成则确保了各研发主体间技术分工的积极性和主动性。在实际的产品研发中，技术模块化有赖于相互协调技术的有效利用。然而，当相互协调技术应用的知识还不是很完善、无法便利地被传递和理解时，技术模块化可能导致进一步的"复杂性大灾难"。

　　技术模块化打破了企业原有的研发模式和生产方式，使产品的研发与生产不得不在多个厂商之间协作完成。由于厂商之间的生产独立性，产品将被分割为不同的子系统，系统之间的联系性被割断，取而代之的是系统设计师制定的主导规则。这样，技术模块化演变为产品模块化。我们认为，技术模块化向产品模块化的演进需要具备以下条件：一是主导者的协调。产品模块化生产的过程中，产品按照功能被分解为众多的子模块，由于生产商认识上的不同和各自利益驱使，子模块的生产与产品价值的实现之间会出现一定的偏差，如果没有主导者的协调，产品模块化的过程将呈现出混乱局面。二是检验标准。检验标准一方面检验技术模块是否满足需要，另一方面检验产品技术模块划分的可行性。三是足够的市场容量。市场容量用以确保产品模块化的经济可行性。产品模块化需要相当的前期投入，其沉没成本同样很高，如果没有足够的市场容量作保证，产品模块化将不能够满足成本效益原则，投入将无法获得相应补偿。四是充足的金融资本。模块化生产方式区别于传统生产方式的一大特点是，模块化具有期权价值（Baldwin，Clark，2000）。金融资本的介入是确保模块化期权价值得以实现的前提，如果缺少了金融支持，技术模块化将无法催生产品模块化。

（2）从产品模块化到产业模块化

产品模块化的过程就是产品价值链的解构与整合的过程，其实质是复杂性系统的简单化。原有价值链的三段分割模式（供应商价值链、企业价值链与顾客价值链）转变为价值模块集群模式，产品价值链被划分为众多可组成完整系统的、具有独立功能的半自律性的子系统，即价值模块。这些价值模块可以通过标准的界面结构与其他功能的半自律性子系统相互联系而构成更加复杂的系统（朱瑞博，2003）。产品模块化而生成的价值模块具有信息隐藏的特性，模块之间的研发和生产相互独立，每个模块所特有的信息及其处理过程都被包含在模块内部。总的说来，产品模块化包括了价值模块的研发、组合与剔除。从这个角度看，产品模块化有利于实现价值模块组合创新。

随着模块化优势的不断显现，产品模块化不断得以发展并开始向产业模块化过渡。产业模块化意味着产业内部分工表现出模块化格局，模块化技术开始重构产业结构。产品模块化向产业模块化进化需具备以下条件：一是产品模块化技术有助于推动产业演进；二是实现产品模块化的知识必须向企业外部的网络参与者扩散；三是需要有能够用来详细地而不是模棱两可地描述产品模块化技术特征和功能的共享语言。产业模块化格局下，模块化生产网络开始形成，表现为多个主导企业和多个追随企业的充分竞争和高效匹配。产业模块化的出现，彻底打破了原有产业规则，改变了市场边界，同时也使得生产的连续性、稳定性与市场的多元化、个性化之间的悖论（李平，2006）得以内生性化解。

传统虚拟价值链建立在产品内分工的基础上，是一种基于产品模块化的产业价值传递结构。产业模块化的出现，促使了原有虚拟价值链的重构。边界清晰的组织生产方式被打破，取而代之的是模块化的生产网络，组织开始利用柔性边界和模块化生产方式，更加灵活地创新产品，为顾客提供价值。产业内部开始出现统一的生产规则，整个产业在这一规则指导下运作。在遵守规则的前提下，任何有实力的企业都可以加入产业的生产网络。追随企业之间通过不断竞争，有的升级为主导企业，有的则被产业规则所淘汰；主导企业不断努力以维护自己的市场地位，有的也会因为竞争不力而衰退，直至被淘汰出局。整条虚拟产业链表现出了动态性、竞争性、开放性、网络性等特性，产业内的组织不再仅仅注重一般意义上的价值创造，而是更多地关注基于产业边界重构的报酬递增。

（3）从产业模块化到组织模块化

应该说，产业模块化是在企业层面技术标准化基础上，进一步将各个细化的产品模块按照功能原则重新聚合的过程（胡晓鹏，2005）。然而，在原有一体化模式下进行产品模块的聚合，不仅会带来资产专用性的变化，进而对组织革新提出要求，而且会导致组织内部治理成本的上升。在以下四种力量的共同作用下，产业模块化开始向组织模块化发展：①超越产品模块链主平台的催动力；②超越技术标准化而追求差异化的驱动力；③产品信息强度增大下市场转型的压力；④功能标准化的内在拉动力（徐宏玲，2006）。在这一发展过程中，一方面产业规则开始向组织规则进化，体现为组织内部市场及其相应协调契约集的形成；另一方面，单个领导厂商超越了原有价值分配模式，形成对生产利润的垄断之势。原有产业被分割为一个个的子产业，产业内的企业竞争转变为子产业或者说模块化组织之间的竞争。

从组织发展的历史演变来看，组织模块化的形成不仅是技术推动的结果，同时也是组织形态演进的产物（郝斌，任浩，2007）。实际上，组织模块化的实质在于市场机制向组织内部的引入，虽然组织与市场的融合只是在组织内部完成，但这在某种程度上验证了拉森（Larsson，1993）的三级制度分析框架，斯密"看不见的手"与钱德勒"看得见的手"实现了"握手"。另外，组织模块化的价值还体现在对制度经济学的发展。威廉姆森（1985）的三要素（资源专用性、交易频率和不确定性）因此而演变为包括"超市场契约有效性"的四要素，这进一步拓展了组织存在的本质以及组织边界的经济学内涵。

2.1.3 模块化组织的研究

为了迎合模块化的产品设计与制造，企业紧密的层级式结构将被松散的网络组织结构所取代，从而使企业的各个组成部分能够实现灵活的连接和不同形式的配置（Schilling，Steensma，2001）。这种松散的网络组织结构即模块化组织结构。随着模块化程度的加深，组织结构、流程以及组织边界等必须重新设计，以适应技术的不断演进，组织模块化因此而成为企业间生产协调与资源整合的新范式。组织模块化系统设计师通过制定系统规则，使组织边界模糊化，组织交易明朗化，稳定外生不确定性的同时，降低内生成本，并催生高效的模块化组织。

　　桑切斯和马哈利（Sanchez，Mahoney，1996）把为适应模块化生产而产生的松散企业组织形式称之为"模块化组织"，而将模块化组织拆分成各个组成单元（或成员企业）或将各个组成单元集合成一个共同组织的行为称之为"组织模块化"。组织在进行模块化时，一方面要关注模块分解的可行性与合理性，另一方面要考虑模块化组织未来运行的高效性。也就是说，模块化组织系统设计师必须具有相当的远见，能够根据环境变迁判断未来产业发展趋势及相适应的模块化组织运行情况。

　　斯其林（Schilling，2001）认为，模块化组织内部松散的耦合方式允许组织模块之间通过灵活的组合而形成不同的架构关系，这好比产品模块化的多样化功能组合模式。他以产业为切入点，分析了模块化组织的推动力问题，认为需求与投入的多样性是模块化组织形成的拉动力，它们共同创造了模块化组织的价值。虽然需求与投入的多样性会促进组织的模块化，但由于维持产业经济秩序的技术标准客观存在，主导企业往往会通过控制产业标准，保持自己的产业价值链高端地位，作为既得利益者以及组织惯性的作用，它们很可能成为组织模块化的蛀牙力量（胡晓鹏，2005）。在这一背景下，斯其林（Schilling，2001）又提出了模块化组织的三种催化力，即标准可获得性、技术变化的速度和竞争强度。当三种力量越强势，就越能推动模块化组织的发展与价值模块整合。并且他进一步指出，在各种力量的共同作用下，三种模块化组织模式得以产生，一是合同生产模式，二是可替换的工作安排，三是联盟形式（Schilling，2001）。在斯其林（Schilling）的研究基础上，孙晓峰（2005）和胡晓鹏（2005）提出，推动模块化组织形成的还有公司能力的差异性、技术选择的多样性以及技术变革等推动力的作用。公司能力的差异性使得不同的组织需要取长补短、优势互补；技术选择的多样性则为组织的模块化整合提供了技术支持；而技术变革则是组织灵活性的根本保证。实际上，虽然组织模块化的程度受诸多因素的影响，但我们也需要看到，模块化组织的诞生一方面是组织形态演进的结果，另一方面也是技术模块化的催动产物。

　　模块作为一个半自律的子系统，通过与其他子系统松散耦合，完成整个价值系统的整合与创新，使产品价值链实现价值增值。模块化组织运行的关键在于彻底打破原有组织资源整合模式，对原有组织要素进行重新组合，并形成两类主要的模块组织实体：核心企业与成员企业。核心企业是模块化组织中承担系统设计与集成的厂商，是模块化组织的主导模块，成员企业特指模块供应商，是模块化组织的成员模块。本书引入这两个概念，是为了突出模块化组织不同于一般虚拟企业的相对紧密的耦合结构模式。一般说来，在整个模块化组织的设计与运行中，核心企业扮演着系统设计师与模块集成商的双重角色。基于此，我们认为，模块化组织的内部运行是将原有组织分割为许多可以独立设计的、承担单个或多个模块生产的子系统（核心企业与成员企业），并利用主导规则进行子系统整合的过程。

模块化组织由不同的子系统组成，各子系统之间通过主导规则紧密相连。主导规则用以界定非对称关系中核心企业对成员企业的测试与选择、集成与联结、激励与惩罚等方面的标准或机制。除了作为"可见信息"的主导规则之外，模块化组织中还存在"隐藏信息"（Hidden Information），它作为一种内部规则机制，通过成员企业间的"背靠背"竞争，缩短产品创新周期、促进企业持续改进。模块化组织作为市场中一种新兴的制度安排，是随着模块化生产方式的不断深化而产生的资源配置形态，其最终目的是实现高效的生产协作。基于此，我们将模块化组织定义为：模块化组织是指由单个核心企业与众多半自律性的成员企业按照一定的主导规则相互联系而组成的生产协作系统。

与职能型组织相比，模块化组织更强调供应链上接口整合的高效性。从职能型组织到模块化组织的转变，正验证了切斯布鲁（Chesbrough，2003）"从相互依赖到模块化设计结构的技术演进过程"的观点。实际上，模块化组织作为新兴的网络组织，是一种因技术变革所引起的组织管理方式的改变而产生的资源配置模式（郝斌，任浩，2007）。模块化组织的本质是信息流与物质流在实体间的交互流动而产生协同效应，最终实现产业内多赢的新型组织模式。不同于传统供应链协同的关键在于：传统供应链协同仅仅是一种建立在流程整合基础上的生产环节剔除，而模块化协同则是一种基于产业边界重构的要素再整合。在模块化组织内部，控制耦合、信息耦合、关系耦合等成员企业间的松散耦合方式进一步放大了协同效应，这取决于：一是松散耦合结构的灵活性，二是某个耦合结点出现问题时，不会波及其他成员企业。

2.1.4　研究评价

在新经济时代背景下，企业管理的实践已经开始从内部的管理跨越到企业跨边界的管理。伴随着企业的管理实践及其对指导理论的需求，从 20 世纪

80 年代初以来学术界对企业管理理论的研究也实现了跨越式的发展，研究重心从传统的内部管理转向企业间关系管理，并且深入到企业间关系管理的各个层面，取得了丰硕的研究成果，在一定程度上对企业的跨边界管理实践形成了指导作用。但是，作为一个新兴的管理学研究领域，国内外学者大多从其关注的不同视角展开企业间关系的研究，研究成果也显现出分散的片状特点，难以成为一个完整的理论体系。诸如，在现有的研究成果中，大部分研究集中于企业间关系的内涵、影响因素、产生动因、关系类别、关系协调等方面，从理论体系的视角出发，可以发现无论是从横向对企业间关系的价值、企业间关系的发展趋势等的研究，还是纵向上对企业间关系的本质、企业间关系的实施路径等的研究，都存在较大程度的缺失。可以说，企业间关系的研究还处于一个较为初级的阶段，需要进一步深入、完善、体系化。

企业间关系包含着丰富且复杂的各种企业间关系模式，显然作为一种适应新经济环境而产生的全新组织形态，即模块化组织的建构也必须以企业间关系相关研究成果为依据和指导。对于模块化组织而言，从管理实践角度，跨边界的企业管理是其核心议题，跨边界的企业管理包含了识别各种关系模式、分析各种关系影响因素、差异化各种关系处理方式等主要内容，这些无不依赖于企业间关系相关研究成果的指导。

可以说，正是在企业间关系相关研究的驱动下，使得学术界逐渐关注到基于企业间关系所形成的模块化组织的存在及其对经济社会发展的重大意义，引导了模块化组织相关研究的展开，并使得组织管理研究的重心逐渐聚焦于模块化组织这种全新组织形态的研究。

通过对当前模块化组织相关研究成果的梳理，可以发现，整体研究始于企业间关系研究，并经模块化研究的系统展开，逐渐形成了对模块化组织的框架性认识。在"技术模块化→产品模块化→产业模块化→组织模块化"的发展路径下，模块化组织得以出现。在模块化组织中，拥有话语权的是处于主导地位的核心企业，而成员企业作为模块供应商大多处于从属的角色，成员企业的研发、生产、经营等各环节从属于核心企业。

当前，在经济全球化、一体化趋势增强，传统资源配置方式、企业竞争模式和产业组织结构发生重大变化的背景下，模块化能够帮助企业实现快速发展，模块化的重要作用已被大家逐渐认识，相关研究和实践也在陆续开展。但总体上，我国在该领域的研究仍停留在概念层面和对国外研究成果的援引和借鉴阶段，专门针对模块化的深层次研究成果还十分匮乏。同时，传统研究侧重于产品设计和生产制造方面的模块化研究，相对疏于由模块化组织构成的复杂模块生产网络中诸如处于主导地位的核心企业产生、运行、成长模式、核心能力及其同处于从属地位的成员企业关系模式、成员企业间关系模式等模块化组织内部的研究。可以说，对于模块化组织而言，组织内部的研究具有更大的理论和实践指导意义，其能对企业组织向模块化组织转型、企业组织在模块化组织中定位、模块化组织中核心企业培养与发展模式选择、模块化组织中核心企业同成员企业关系模式选择等提供重要的方法论，进而，在很大程度上决定了模块化能否帮助企业组织有效地实现价值整合和价值创造的目标。因而，对模块化组织内部的深入研究势必成为该领域未来研究的重要取向。

2.2　核心企业理论文献述评

2.2.1　核心企业的研究

从一般意义上来说，核心企业就是指在企业群中居于核心地位或起着领导者作用的企业。目前，对于核心企业的界定，国内外相关学者从各自研究视角出发，主要围绕其在供应链、产业集群、网络组织中的地位和作用来进行。

1. 供应链视角

从供应链的角度来分析，核心企业作为供应链的组织者和领导者，在一定程度上决定了供应链的运行效率和竞争力，起着对供应链上的物流、信息流和资金流的调度和协调的作用（付秋芳，2006），在其影响力、扩展力、信任感、可参与度和吸纳力等方面，对供应链企业形成长期战略关系有着重要影响（马士华，2000）。

具体来说，核心企业应具备一定的学习技能，及时协调结点企业的矛盾与冲突，以便使供应链发挥整体优势（曾祥锋，肖汉斌，2002），并可以运用价值链分析的方法，寻找降低成本的突破口，从而扩展企业降低成本的空间（李萌，苏宁，2005）。同时，核心企业可以通过包装运作提高其知名度与竞争力，降低供应链的运作成本，提高供应链的运作效率（蒋智毅，2007）。此外，以普拉哈拉德和哈默（Prahalad，1998；Hamel，1996）等为代表的企业"核心能力"论，强调企业生产、经营环节之中的具有明显优势的个别技术和生产技能，重视供应链中的个别关键优势的塑造，认为具有个别明显关键优势的企业，在供应链中举足轻重。在此基础上，文风（2004）构建了核心企业实施供应链管理能力的系统指标体系。值得注意的是，核心企业并非固定不变，而是在供应链中存在着漂移现象（卢松泉，陈荣秋，2007）。

2. 产业集群视角

从产业集群的角度来分析，核心企业有能力以自身为中心在产业集群中设计、建构各种复杂的企业间联结关系（Lorenzoni，1995）；通过与集群中其他企业之间的协作促进集群内部资源的共享（Langen，2003）；通过其内部管理创新以及与结点企业分工协作的外部管理创新，提高整个集群的管理创新，从而提高集群竞争优势。而且，核心企业的成长可以对产业集群整体的演化产生影响（邬爱其，2005；刘友金，2005；李瑞丽，2004），在技术、人才和市场的分布方面，核心企业对产业集群具有决定性的作用（王程，2005）。

同时，摩尔（Moore，1999）从重视竞争论与合作论有机结合的角度，认为企业不应把自己看作是单个的企业或扩展的企业，而应把自己当作一个企业群的成员，所以企业竞争优势来源于在成功的企业群中取得核心地位。而资源依赖理论（Lummus，1998）则认为，组织是由于重要资源供给的原因而试图减少对其他组织的依赖，并试图影响环境以得到可供利用的资源。该理论强调，组织关系取决于三个因素：一是资源对组织的重要性，二是该组织的实力，三是资源控制组织的实力和作用。在此基础上，许多学者还从核心企业与集群中其他结点企业的关系出发，研究了中卫型集群（轮轴式集群）的组织结构、治理机制、社会资本、资源的相互依赖性等与企业之间的知识溢出路径、技术学习方式和创新扩散机制之间的关系（Romano，Rinaldi，2001）。此外，一些文献还集中探讨了核心企业能否充当集群知识转移和扩散的知识"守门人"的问题（Giuliani，Boari，Morrison，Rinaldi）。

3. 网络组织视角

从网络组织角度的分析看，国内外主要从创新网络和战略网络两个层面展开。在创新网络方面，对核心企业所发挥的作用存在明显分歧。一方认为，创新网络具有非中心性，强调各个点企业之间密切的互动关系才是创新网络的实质（盖文启，2003）；另一方则肯定核心企业在创新网络中有其独特的作用（王大洲，2001），或认为创新网络中应存在包括核心企业在内的核心层面或核心结构（Knudeson，2003；Hankkson，1996；池仁勇，2005）。而在核心企业对技术创新网络的影响作用方面，相关研究则强调了核心企业能够改变贯穿整个网络的信息流，并且对整个网络中专利数的增加有积极的影响（Owen–Smith，Powell，2003），网络中非直接连接有利于知识的传播，核心企业在这个过程中往往是传播中介（Hansen，2002）。

在战略网络方面，国内外学者均肯定战略网络是围绕着核心企业构建的，且据此强调了战略网络的非对称性和建构性特征，还研究了基于核心企业动态能力的企业战略网络、核心企业战略网络发展的多方面影响（Gulati，2003；Jarillo，1988；林健、李焕荣，2003；谢洪明，2003、2004），以及基于网络平台核心企业的竞争优势获取途径（王蔷，范荣帅，2007）。

从当前已有的研究成果看，由于相关学者是从各自不同的研究视角对核心企业展开研究，因而，对核心企业的界定还未同时也很难形成统一的认识。但是，我们认为，现有研究成果中，对于核心企业的本质在一定程度上已形成共同的认知，即应该围绕企业在供应链、集群或网络中的地位和作用角度，从企业核心能力和嵌入性把握核心企业的根本属性和特征。罗壬佐尼和巴登（Lorenzoni，Baden，1995）把核心企业定义为具有超级协同能力和应变能力的战略中心，认为识别核心企业的一个不同的方法就是忽视其统计学特征，把重点放在它的竞争力以及它的网络关系上。从核心竞争力的角度看，它必须能够创造一个可以共享的商业理念，投资和领导他的伙伴，建立一个信任和互惠的氛围。核心企业应位于网络的中心，起着领导者的作用，能够倡导企业之间彼此信任的文化，具备选择和吸引优秀伙伴的能力，具有更高的成长性、创新能力。尼基戴姆和兰根（Nijdam，Langen，2003）则把核心企业定义为：由于在规模、市场地位，以及知识和企业家能力方面具有优势，这些企业有能力和动机做出对网络中其他企业来讲具有正外部性的经营和投资活动。

因此，现有研究成果为模块化组织中核心企业的研究提供了较为坚实的理论基础，使得我们能够以此为基石对产生于知识经济时代的模块化组织中核心企业展开研究。通过对当前学者们对核心企业所形成认知的综合与深入分析，我们认为，模块化组织中的核心企业必须具备如下条件：①对产品或服务的价值链有着非常系统的认知，并具有将其分拆与整合的能力；②掌握模块化组织的核心瓶颈或约束性资源（技术、市场、原始资源、信息）；③具有强大的知识吸收能力与强烈的创新意识，能够引导成员企业展开相互学习与合作创新；④能够为成员企业带来更多利益，并能够实现模块化组织的整体核心竞争优势；⑤能够有效胜任模块化组织中信息与知识传递、成员企业协调与合作等方面的组织协调工作；⑥具有强有力的管理能力，并且能构建开放式的管理体系，使得核心企业能够有效管理自身同成员企业以及成员企业之间的关系；⑦整个模块化组织有效运行的中心，也是组织中各成员企业之间形成整合效应的指挥中心。

2.2.2　核心企业成长的研究

1. 企业成长思想溯源

作为西方经济理论研究的重要内容，企业成长思想至少可以追溯到亚当·斯密、马克思和马歇尔，他们三人的企业成长思想虽然分析视角不同，但其实质内容和分析结构非常相似（Adizes，1979）。

（1）亚当·斯密的企业成长思想

斯密在《国富论》中认为，企业是分工的集合体，劳动分工使企业的各项功能相互区别，并走向专业化进而提高了生产效率，促进了经济发展。企业规模经济的实现就是管理者把生产过程分解为不同的专业化操作工序的过程，企业作为一种劳动分工组织，其存在的理由就是为了获取规模经济的利益，分工使更高的产量以更低的成本获得，因此，单个企业的成长与劳动分工的程度正相关。其后，斯密分析了经济组织变动的限制因素，即著名的斯密"第二定理"。他说："交换能力引起劳动分工，而分工的范围必然总是受到交换能力的限制，换言之，即受到市场范围的限制。当市场很小时，没有人能得到任何的鼓励，去专门从事一种职业，这是因为，他没有能力去把他自己的劳动产品的远远超过自己消费的剩余部分，去交换他所需要的其他人劳动的剩余部分产品"。斯密认为，企业内部分工所带来的规模经济效益是企业成长的主要动因，同时企业成长受外部市场因素（需求）的制约。

（2）马克思的企业成长思想

马克思考察了简单协作条件下存在的规模经济效应，认为协作的效率体现在诸多方面，如：协作抵消了各个劳动者在劳动技术上存在的差异，使每个工人的劳动具有社会平均劳动的性质；节省了用于生产资料方面的开支；创造出的集体力量，大于他们单个劳动力量的机械总和；协作劳动可以激发个人的竞争心，有利于提高效率；协作可以使许多人的同种作业具有连续性和多面性，缩短总产品的工期，提高工作效率；协作可在较短的劳动期间内投入庞大的劳动量，突击完成紧急生产任务，避免经济损失；协作扩大了劳动的空间范围，可以完成单个劳动者无法完成的工作等。他把由于采取协作生产而产生的生产力，概括为"劳动的社会生产力或社会劳动的生产力"。这是企业存在的效率基础。在随后对手工工场和机器大工业的论述中，马克思从分工角度再次论述了协作的效率，认为这种协作和分工的比较优势正是企业存在的原因。马克思进一步分析了企业边界变动的限制因素，从工场手工业内部分工和社会内部分工互动的角度分析了后者对前者的限制，把斯密市场对企业的静态约束转换为动态的互相约束。马克思认为，工场或工厂内部的分工所具有的效率优势是企业存在和成长的主要原因，同时社会内部分工的水平、状态是企业成长的一个重要约束变量。

（3）马歇尔的企业成长思想

马歇尔将"一种货物的生产规模之扩大所产生的经济"分为两类：一是"有赖于工业的一般发展"的经济，即"外部经济"；二是"有赖于从事这类工业的个别企业的资源及其经营管理的效率"的经济，即"内部经济"，并且把决定企业成长的因素归结于这两种经济。马歇尔认为，企业内部的专业化生产职能，可以连续分解为新的次级职能单位，不同的次级职能单位又会产生出一系列不同的专门技术技能和知识。同时，这种连续的专业化分工的细化将导致新的协调问题，需要用全新的内部专门职能，来对原有的和新的衍生出的各种专业职能进行协调和整合。另外，生产的专业化和知识积累不仅仅发生在单个企业内部，而且发生在企业之间。企业之间的专业化生产的协调问题，正是后来集聚经济和网络经济研究的内容。马歇尔从"有机体"的角度研究了企业的成长，认为企业不仅是劳动者的集合，还是一个复杂的有机体，其内部环节的任何变动都有可能引起组织的变化；同时外部环境的变化同样会引起企业组织的变化。因此，研究企业组织就不仅研究企业内部的分工和协作关系，而且要研究企业之间的相互关系。

2. 企业成长动力

有关企业成长动力的解释，总体分为两类，一是强调内部因素对企业成长的推动作用，主要包括制度维度和核心能力维度两个方面；二是强调外部因素对企业成长的推动作用，如交易费用纬度以及市场结构和产业组织的演变等。

（1）制度维度

企业制度变迁是随着企业经营规模扩张而出现的，同时又是维持和促进规模扩张的必要条件。制度维度的分析秉承新制度经济学的研究范式，从制度、制度变迁的角度来分析企业成长过程，如产权制度、组织制度等会决定或影响企业的规制结构，进而决定企业的发展或边界。

在阿尔钦和德姆塞茨的企业团队理论中，把团队剩余作为资本主义企业产生的前提。团队剩余的存在，说明资产所有权的配置对企业至关重要，企业的成长取决于资产所有权的配置状况。钱德勒通过对企业成长路径的经验研究，认为企业成长经历了由古典企业向现代企业的制度变迁。现代企业以两权分离为特征（Berle，1932）。两权分离源于劳动分工和专业化，它促进了现代企业的经营效率，但相应的也出现了委托代理关系，即企业成长被视为交易各方权利最优配置的过程。根据企业的委托代理理论，当企业的所有权和控制权相分离时，就存在代理人问题，也就是说，此时由于管理阶层追求自身效用最大化，从而产生了股东和管理阶层之间利益目标不一致所造成的代理成本（Buaml，1959；Marlis，1964）。而且，由于在契约中总存在未规定的收益权和控制权，即无法通过契约来保证企业管理层完全根据企业投资者的利益来采取行动（Erossman，1986；Hart，1988），契约是不完全的。因此，公司治理问题就必然在组织中产生（Hart，1995）。公司治理在本质上是一个制度性概念，如何建立起从根本上解决企业存在和成长问题的一套制度安排，成为公司成长发展的关键。

以产权经济学、委托代理理论等为主要内容的制度维度的企业成长理论，将传统新古典经济学注重对人与自然（资源配置）的关系扩展到人与人（契约关系）的剖析。公司治理结构是一套制度安排，用来支配若干在企业中有重大利害关系的团体关系，各利益团体从这种制度中实现各自的经济利益（青木昌彦，1995）。从这个意义来说，制度维度的企业成长理论已经从将企业作为一个社会微观经济主体扩展到企业相关利益者利益最大化（而不是简单的企业利润最大化）纳入经济分析框架。

（2）知识维度

在不确定性条件下，企业拥有的知识是不完全的，只是特定时间内具有一定知识、能力和决策规则的生产者。在环境选择机制作用下，企业现有惯例或知识基础决定了企业之间竞争性行为的结果。企业的成长表现为内部知识和能力的积累过程（理查德·尼尔森，1982），企业自身作为一种组织安排所具有的学习、协调以及组织能力决定着企业成长的速度、路径和极限。

彭罗斯（1959）最先提出了企业成长的内部诱因主要来源于企业存在的剩余生产性服务、资源和特别的知识，开创了从知识视角解释企业持续成长的先河。她把全部的注意力集中于单个企业内生成长过程的研究，特别强调管理资源的知识积累和企业可能性边界扩张的内在联系，认为随着时间的推移而形成的管理团队的知识积累和管理经验是企业最有价值的资源之一，这些资源决定了企业的管理能力，继而决定了企业所有其他资源所能提供的生产性服务的数量和质量，最终制约企业成长的速度。企业的管理资源具有专用性特征，是企业长期内部知识和能力积累的结果，无法通过公开市场购买。企业扩张的前提是增加相应的管理资源。在现有管理资源约束下，企业的过度扩张会导致企业生产效率的降低。企业内部决策活动的惯例化和程序化是缓解管理资源稀缺的主要途径。

企业核心能力理论强调企业内部的资源、核心技术、技能等核心能力对企业的成长的重要性，认为企业的不可模仿的、难以复制、不能完全转移的独特的核心能力是企业成长过程中竞争优势的源泉（Parahald，1990）。核心能力是"组织中的积累性学识，特别是关于如何协调不同生产技能和有机结合各种技术派别的知识"，企业所拥有的核心能力的资源类型及其发生作用的机制的不同，决定了企业在成长路径选择的不同。而从动态能力即为了与变化的环境保持一致而更新能力的能力（Teece，1990）这一角度看，企业成长是企业的生产性知识和能力在不断积累和发展过程中，通过惯例化把新的知识储存在组织的记忆中，从而提高组织效率的过程（Nelson，1982）。

隐藏在能力背后并决定企业能力的是企业所掌握的知识。企业独特的知识资本如共同的价值观念、行为方式、秩序、习惯、战略和技术等默会知识，难以被竞争对手模仿，构成了企业成长中长期的竞争优势，决定着企业成长和边界（Pavltt，1991）。不同的知识结构塑造出了企业的异质特性，形成了不同的竞争优势。

（3）交易费用维度

根据科斯的观点，企业因节约交易费用而存在，是价格机制的替代物。

与市场上通过价格机制调节资源配置不同，企业中的资源配置是通过"权威"和"命令"来进行的。企业中的资源配置产生组织成本，而市场上的资源配置会产生交易费用，企业的边界就取决于这两种成本的边际相等。但是，企业和市场并无完全的区别。在企业内部之所以"允许某个权威来支配资源"，不过是因为企业是用一个契约取代了市场的一系列契约。

科斯分析的重点是外部价格机制的成本。他认为，利用价格机制的成本包括三方面，第一是发现价格的成本；第二是谈判和签约成本；第三是利用价格机制的机会成本。这样，在科斯的理论视野中，企业成长主要受外部交易费用的约束。此后，张五常提出企业的本质在于以要素市场的契约取代产品市场的契约，从而节约交易费用，节约的原因是企业实行的一次性总估价。在生产过程中，大家不必像在市场中那样斤斤计较，而是服从企业权威的命令和指挥，企业权威对企业的资源进行统筹安排，将大大节约市场上多次交易核算价格的费用。然而，企业对投入要素的定价并不像对市场交易中产品定价那么信息充分，所以企业成长的边界是由对投入要素进行一次性总估价所节约的交易费用和因相应的信息不足而造成的损失之间的差额所决定的。

威廉姆森是交易费用经济学的集大成者。他通过引入资产专用性、交易频率和不确定性三个交易维度，并在有限理性和机会主义的行为假设基础上，认为将不同的交易属性与不同的治理结构相匹配，以节约有限理性并抑制机会主义。

3. 企业成长方式

企业成长涉及企业自身能力、经营规模、业务范围等。按照不同的划分标准，企业成长的方式可以有不同的种类（李远富，2000）。

（1）依据业务或地区范围划分的成长方式

依据业务或地区范围，企业成长方式主要有横向合并、纵向一体化、地区扩张和多元化经营等。在生产、营销及管理上的三方面投资后的初始增长，都是通过横向联合与纵向一体化，战略基本是防御性的。在组织能力强化并通过职能性和战略性竞争获得市场份额后，采用海外投资及多元化方式进行扩张。

（2）依据基体与增生的关系划分的成长方式

依据基体与增生的关系，企业成长方式主要有克隆式、虚拟式和多元式。克隆式的重点在于地理位置上的扩张，基体成功的管理模式被复制到增生上，如特许经营；虚拟式是通过合同契约关系在市场利益的驱动下构成利益共同体，是建立在核心竞争力基础上的分工合作；多元式则是为了追求范围经济效益而在经营业务上的扩张，此时，业务间可能相关也可能不相关，目的是为了充分利用剩余资源、寻找新的增长点、转移核心竞争力和追求协同效应。

（3）依据依赖的业务种类划分的成长方式

依据依赖的业务种类，企业成长方式主要有核心业务型、增长业务型和未来业务型。核心业务为企业带来了大部分的现金流及利润，这些业务对目前及短期内企业的业绩影响重大，通过维持竞争地位并发掘核心业务的所有潜力以使企业成长。当经营概念已经基本发展完全，并且具有高成长性时，快速发展的创造性业务将会带动企业的成长，成为未来发展的新方向。而那些尚处于研究、市场试点中的尝试性业务，虽然前景无法确定，但这些业务代表了企业未来更长远的发展，是企业成长的潜在支撑。

4. 企业生命周期

生命周期，这一概念为探讨企业的成长和变化提供了一条有益的思路。企业和人一样，有婴儿期和成熟期，也有所谓的"生老病死"。企业的生命周期，就是指一个企业的诞生、成长直至最后消亡的过程。随着企业向生命周期下一阶段的演进，其结构、领导风格及管理系统都会演变为一种相对可预见的模式。生命周期的各阶段在本质上是顺序演进的，遵循的是一种规律性的进程。

根据美国学者伊查克·爱迪斯（Adizes）的观点，企业的生命周期要经历成长阶段（企业孕育期、婴儿期与学步期、青春期、盛年期）与老化阶段（稳定期、贵族期、官僚期与死亡期）。在企业成长的婴儿期，创业者辛勤地工作、集权并注重短期效应是企业生存的关键。这种成长的均衡与健康是以资金充足来体现的，此时创业者感到能够控制企业的运营。进入学步期，企业就要由产品导向转为销售导向，强调机会优先，进入快速成长的轨道。这时的企业是围绕人而不是工作来组织，缺乏长远规划，容易陷入创业者陷阱或家族陷阱。在青春期，两权开始分离，企业形成委托代理制，若授权出现问题，则会产生新人与元老之间的矛盾。在盛年期，企业的自控力和灵活性达到了平衡，制度和组织结构都能够充分发挥作用，开始开辟新业务，实行多样化经营。而到了稳定期及其以后阶段，由于企业逐渐丧失灵活性，缺乏变革与创新，企业停止成长并开始进入衰退（李远富，2000）。

在企业发展的过程中，存在着四种主要功能，即执行功能 P、行政功能 A、创新功能 E 和整合功能 I，这就是 PAEI 分析法（任浩，2008）。这四种功能在企业发展的不同阶段具有其演变规律，形成了企业生命周期的驱动力。

如果一个企业的行动力（P 要素）很强，它往往有很明确的目标，极强的贯彻力，整个企业以行动至上，员工行动依循企业目标，不畏辛苦，只求结果，但却缺乏耐性。行动力这个要素能让企业在短期内产生效益，代表着企业具有目的性的业绩表现。

一个企业如果具备良好的规范能力（A 要素），就会重视规范和程序。具体表现为，企业的员工习惯依照一定的步骤与程序来做事，整个企业呈现出一种规矩的状态，员工主动遵循公司的规章制度，所有的共同规范都是由大家讨论决定的。A 要素使管理系统化、程序化和组织化，使得企业在短期内产生效率，保证正确的事情在恰当的时间内、以恰当的强度、依照恰当的顺序发生，这就是行政管理。要做到这一点，管理上就要有条理、讲逻辑，而且要注重细节。P 要素和 A 要素能够在短期内使企业产生效益和效率，企业能够在短期内赢利。

企业如果具备了 E 要素，即充满了创新和冒险能力，也就充满了创新和学习的力量。企业重视构思新点子、发展新产品、开拓新市场、开办新事业、学习新事物和采用新方法，这是企业要取得长期效益至关重要的生命力要素。要想取得长期效益，企业家必须预测长期事件，并且在它到来之时做好对其反应的准备。这就要求具备两个因素：创造力和风险承受力。

而 I 要素则是整合的力量。整合意味着把企业的机械意识转变为有机意识，表现为非常注重团队建设，经常进行各种系统和跨部门的整合，经常开展维系关系的活动，这些都是属于 I 要素的力量。I 要素使得企业具有长期效率。

如果这四种力量都能够有效地发挥作用，那么企业就会既有效益又有效率，既有主动性又有有机性，会在短期和长期都得到很好的发展。但是，这四种力量不只是相互依赖的，还经常会彼此钳制，这使得实现这些目标非常困难，在实践中要同时达到这些目标几乎是不可能的。在企业生命周期演进的各阶段中，这四种力量的发展有先有后，力度有强有弱。在其合力作用下，企业组织沿着生命周期的各阶段演进。所以，必须协调好这四种力量，只有协调好它们，企业才能顺畅运营，否则，企业就会由于无法协调这四种要素的相互矛盾而难以生存。

5. 核心企业的成长

一般来说，核心企业的生成过程也是核心企业资源的动态调整和动态整合过程。即在最初阶段，企业可以通过整合组织内部的资源增强核心能力而实现成长。企业内部能力、资源和知识的积累，是企业获得超额收益和保持企业竞争优势的关键（李建明，1998），而集群内部特别是企业家能力的异质性也具有重要作用（项后军，2007）。随后，由于受企业固有资源的瓶颈限制，成长中的企业需要整合外部资源，并逐步从整合本地集聚的外部资源转向整合非本地集聚的异质的集群外部资源（林润辉，2003）。

具体来看，国内外对核心企业生成研究的成果主要体现在三个方面，即个体企业优势源生成、供应链中核心企业生成和网络企业优势源生成。

（1）个体企业优势源生成研究

以普拉哈拉德（Prahalad）和哈默（Hamel）等为代表的企业"核心能力"论，强调企业生产、经营环节之中的具有明显优势的个别技术和生产技能，重视企业价值链中的个别关键优势的塑造；以斯多克、伊万斯和舒尔曼为代表的"整体能力观"，则要求关注"组织成员的集体技能和知识，以及员工相互交往方式的组织程序"，也就是企业的整体优势。经济学家熊彼特进一步将企业发展的内源力归为创新与企业家精神，詹森（Jensen，1983）和麦克林（Meckling，1955）则强调了知识的力量。这些研究主要从企业内部寻找企业优势和权威生成的根源，重视从内源研究企业优势定位与权威生成。

斯莱沃特基（Slywotzky，1984）的价值转移论与迈克尔·波特（Porter，1995）的结构学派则强调从外源探讨企业优势与生成动因。斯莱沃特基（Slywotzky，1984）论证了价值在产业间、企业间以及企业各部门间的转移趋势，提倡价值转移对企业发展的影响。柯林斯和蒙哥马利（1992）试图将"企业内部分析与产业和竞争环境的外部分析结合起来"，沿着安德鲁斯 SWOT 经典分析范式，继续探讨内外源力量的共同作用对企业权威地位的影响。

（2）供应链中核心企业生成模式

供应链作为企业网络中一种具体形态有其特殊性。在供应链中，企业在资源和合作方面的依赖性非常明显，上下游企业间呈现供给与需求的关联性，他们既存在讨价还价的交易特征，却又要共同为最终的目标客户服务。

库尔和汉德森（Cool，Henderson，1998）立足于资源依赖理论，较早地从供应链角度对企业权威的产生和构成进行了考察，得出供应链内部企业权威的几种具体来源，强调了对外部资源的获取和控制。兰伯特（Lambert，1997）认识到供应链的动态网络特性，重视企业行为对供应链网络的影响，提出了供应链结构、供应链流程和供应链管理要素的分析框图，剖析了纵向一体化战略对核心企业在供应链中水平定位的影响。翰德菲尔德和尼古尔斯（2002）则强调在供应链关系基础上，进行各种活动整合，来获得持续的竞争优势。

（3）集群中核心企业主要功能

在对波士顿生物医药企业集群的研究中，史密斯和鲍威尔（Owen – Smith，Powell，2003）强调核心企业具备改变集群整体信息流的强大能力，并且能够对整体集群的研发效率与质量产生巨大影响。无独有偶，阿格拉瓦等学者也从集群的角度，对核心企业展开研究，发现核心企业在创新能力上体现出突出的优越性，在创新活动中处于领导地位，并且能够有效刺激集群对创造知识的需求（Agrawal，2002）。此外，比安克尼和巴拉巴斯（Bianconi，Barabasi，2001）所提出的核心企业对其他企业具有强大吸引力的研究成果，以及颇罗（Poulou，2003）所发现的核心企业在集群中具有主导性协调能力的研究成果，都对集群领域核心企业的研究形成了深化与补充。

（4）网络企业优势源与塑造模式

全球经济一体化导致了更为激烈的市场竞争，关于企业网络的研究出现了如资源依赖理论、协作网络理论、种群生态学等不同观点。

资源依赖理论认为，"组织是由于重要资源供给的原因而试图减少对其他组织的依赖，并试图影响环境以得到可供利用的资源"。该理论强调组织关系取决于三个因素：一是资源对公司的重要性；二是公司的实力；三是资源控制公司的实力和作用。

激烈竞争所带来的不确定性给组织带来巨大的生存压力，促使了协作网络观点的出现，协作网络观点认为，企业只有联合起来，共同分享稀缺的资源，才会变得更有竞争力，合作关系逐步取代原来的敌对和竞争局面而受到重视。

种群生态学理论关注对内部组织的数量和组织的变化进行研究，他们认为，组织变化的能力受很多条件的限制，而正是变化着的环境，将决定种群中的哪个组织生存或失败。莫尔（Moore，1996）重视竞争论与合作论的有机结合，认为企业不应把自己看作是单个的企业或扩展的企业，而应把自己当作一个企业生态系统（Business Ecosystem）的成员，所以，企业竞争优势来源于在成功的企业生态系统中取得领导地位。

2.2.3　核心企业能力的研究

1. 企业能力理论渊源

企业能力理论以企业内在成长论为理论渊源，以迪尔理克斯和库尔（Diericks，Cool，1989）的资源基础论为发展始点，经过普拉哈拉德和哈默（Prahalad，Hamel，1990）、巴顿（Barton，1992）核心能力理论研究的推动，以梯斯（Teece，1997、2000）的动态能力理论研究为正式形成标志，并在此基础上，进一步发展为企业知识理论。此外，当前伴随着信息技术发展与经济全球化深入，网络组织的出现使得网络组织中企业的核心能力逐渐从内部向外部网络漂移，企业网络能力理论逐渐成为当前研究热点见（见图2.1）。

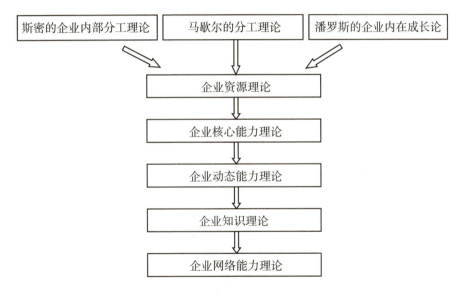

图 2.1　企业网络能力理论的演进

2. 企业网络能力理论

企业网络能力理论是基于竞争优势内生的企业能力理论，是企业核心能力理论和动态能力理论在网络组织逐渐成为主导生产模式的时代新背景下进一步深化与融合。该理论以企业为视角，对企业在管理组织网络中各种关系的效果上展开研究，发现其中的差异性。

哈坎森（Hakansson，1987）最早提出了网络能力的设想，其开展了大量的经验研究，并发现：在组织网络中，一小部分企业展现出在组织网络各种关系处理上的非凡才能，并且在各种关系处理实践中体现得异常稳健，而绝大部分企业在组织网络的关系处理中则体现的十分简单和业余。以此为基础，他提出在网络组织中，不同企业在处理网络中各种关系上所采取的方式和获得的实效存在明显差异，并进而提出了网络能力的概念，其认为网络能力应该包含企业在改善其所处组织网络中位置和有效处理组织网络中各单个具体关系等两个主要能力。在哈坎森研究的基础上，古拉提（Gulati，1999）提出，伴随着企业外部环境的持续变动，对于企业而言，其同供应商、顾客、竞争对手等组织网络中各成员之间的关系程度会出现持续波动，这种关系程度的波动水平将会直接影响企业竞争模式的转变以及竞争优势获取方式的转变。古拉提提出，处于网络中的企业必须明确其同网络中其他组织间的相互关系，并需要有效处理所存在的各种关系，这要求处于网络中的企业具备管理与拓展网络关系的能力，这种能力其定义为企业网络能力。此外，莫勒（Moller，1999）从产业网络、企业网络、关系组合和交易关系四个层面，构建了网络构想、网络管理、组合管理和关系管理的网络管理理论框架，并提出网络管理能力的概念。在对网络能力的研究中，我国学者也取得了一定的研究成果，比较有代表性的观点有，慕继丰（2001）所提出的处于网络组织中的企业必须培育和发展网络管理能力、关系管理能力、组合管理能力和网络远景能力；徐金发（2001）将网络能力的本质定义为网络组织中的企业通过获取和运用组织网络资源来获得持续竞争优势，并以战略、关系和过程三个层次，界定了网络能力的三个维度，即网络构想能力、网络关系组合能力和网络角色管理能力。

在现有企业网络能力的研究成果中，芮特尔（Ritter，1999、2002、2003）的研究被公认为是较为深入和具有可操作性。芮特尔认为，在企业网络能力的构成上，包含任务执行和资质条件两个维度，资质条件是执行网络任务的前提，而在执行网络任务的过程中又可以提升网络管理的资质水平。任务执行可划分为特定关系任务执行和跨关系任务执行，资质条件则由专业资质和社交资质组成。在芮特尔对于企业网络能力的相关研究成果中，对于我们展开模块化组织中核心企业所需具备的能力因素具有较为重要指导作用的是，其于 2000 年所提出的一种对于网络组织中关键企业关系处理模式的分析方式（见图 2.2）。

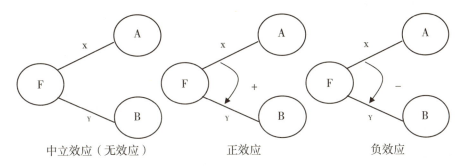

中立效应（无效应）　　　　　　正效应　　　　　　　　负效应

图 2.2　与关键企业关联的关系间相互影响的分析模式

在图 2.2 中，芮特尔（Ritter，2000）归纳了与关键企业相连接的两种联系之间的 3 种影响模式：（1）无影响或"中立"影响，即关键企业与 A 组织的交往不影响其与 B 组织的交往；（2）积极影响，即关键企业与 A 组织的交往有利于其与 B 组织的交往；（3）消极影响，即关键企业与 A 组织的交往不利于其与 B 组织的交往。在此基础上，如果考虑作用的方向，芮特尔总结了 6 种影响模式，见图 2.3。

Y 对 X / X 对 Y	中立效应（无效应）	正效应	负效应
中立效应（无效应）			
正效应			

41

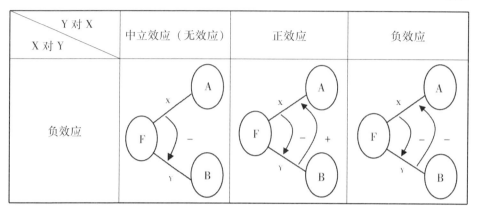

图 2.3　与关键企业关联的关系间相互影响六种模式

芮特尔（Ritter，2000）关于如图 2.3 所示的分析，得出了关键企业外部网络关系之间的相互作用关系，对关键企业带来的复杂影响，也强调了网络能力是一种"跨关系"的网络关系管理能力，即网络能力是一种协调不同网络关系，使得关键企业避免陷入冲突，或充分利用"信息优势"或"位置优势"的技巧。

从国内外学者们的研究来看，多数关于网络能力的定义未能打开"能力"概念的黑箱，仍然停留在"能力"的分析层次，只有芮特尔的相关定义对"能力"的构成进行了分解，并提供了较为深入的解释和可操作性的测度方法，其中包括关于网络能力的 89 项测度条款的测度量表和 22 项测度条款的精练量表（Ritter，2002）。

2.2.4　研究评价

当前，国内外学者对核心企业的研究主要集中在供应链、集群和网络等领域，鲜有涉及模块化组织领域。虽然当前在供应链、集群和网络等领域对模块化组织中核心企业研究的展开具有一定的指导性，但由于模块化组织同供应链、集群和网络等在内在结构、成员功能等上的差异性，使得这种指导作用存在一定限度。

同样，在现有研究成果中，对核心企业成长的认识，国内外学者都是从各自研究视角展开，其对核心企业成长方面的研究关注点存在明显差异，诸如供应链领域强调核心企业权威的影响、集群领域重点在于核心企业对信息的控制与协调、网络领域则更多集中于资源依赖与获取等。模块化组织中核心企业如何成长？当前研究尚处于空白阶段。

除此之外，在对企业能力的现有研究成果中，企业能力理论更多的是关注企业内部的影响因素。在某种程度上，外部环境对企业影响的研究体现得不够深入，目前对于企业网络能力的研究还处于一个需要持续深入的研究阶段，而对于模块化组织中核心企业能力则几乎未有有价值的研究成果。结合当前企业所处外部环境的持续动态化，及其所导致企业发展各种内外不确定性因素逐渐增多的经济社会背景，更加突显了将模块化组织的相关研究向内拓展，并聚焦于模块化组织中的核心企业，进而针对性地探索其核心能力的理论价值与实践意义。

基于当前研究现状，我们对模块化组织中核心企业核心能力研究的展开将在艰难的摸索中进行，借鉴内容分析法，在对现有研究成果扬弃的基础上，通过对模块化组织中核心企业产生与运行的研究，一方面形成对现有研究成果的拓展与体系化，另一方面挖掘出核心企业的核心能力要素，以致力于形成企业发展新模式的理论指导，并丰富核心企业理论体系。

2.3　本章小结

本章作为全文研究的基础部分，通过对涉及模块化组织中核心企业的相关理论进行整理与分析，对现有研究成果做了较为系统的梳理。

首先，由于模块化的研究根植于企业间关系的研究，且其研究受到企业间关系相关研究成果的指导，故本章对企业间关系的研究现状进行了系统整理，明晰了当前企业间关系的相关研究在关系内涵、影响要素、关系动因、关系类别、关系协调等方面所取得的成果，并通过研究述评对现有企业间关系研究中有待完善的地方提出了独立建议。企业间关系研究是模块化研究的基石，对其研究现状的客观把握，将有利于对模块化组织研究的深度、有序展开。

其次，界定了模块化的相关概念，并通过对模块化组织相关研究主流文献的梳理，获悉了模块化组织内在结构、耦合方式、催化动力、组织模式等重要成果的核心思想，以此为基础，明确了模块化组织运行的牵引力是实现整个价值系统的整合与创新，进而实现价值增值，以及模块化组织的二元组织结构：核心企业和成员企业，对模块化组织形成了较为初步的系统认知。此外，通过结合主流文献，对模块化发展路径进行了分析，明晰了"技术模块化→产品模块化→产业模块化→组织模块化"的发展路径。并且，在研究述评中，对模块化组织理论的重要性进行了独立评判，并对我国在该领域研究的现状进行了客观分析，以及对模块化组织理论研究的深化提出了独立建议。

最后，对核心企业理论从界定、成长、能力三个维度进行了相关文献的收集与整理。通过对供应链、产业集群、网络组织等中对核心企业研究的相关理论成果梳理，引导我们对模块化组织中核心企业应该具备的条件形成了初步认识。在核心企业成长相关文献的梳理中，以传统的企业成长理论为牵引，从个体、供应链、集群、网络等四个视角对核心企业成长的研究现状进行了分析，对传统的企业成长理论进行了一定程度的拓展。此外，基于传统的企业能力理论，对有利于指导模块化组织中核心企业核心能力研究展开的企业网络能力理论研究现状进行了较为深入的分析，以期对后续研究形成帮助。并且，在研究述评中，客观评判了当前在模块化组织领域关于核心企业相关研究的缺失，对其研究重要性进行了独立判断。

通过本章对相关理论成果的梳理，我们不难发现，直接针对模块化组织及模块化组织中核心企业的文献比较匮乏，这也为本文的研究预留了空间。具体地说，除本文所展开的对模块化组织中核心企业核心能力体系的研究外，在以下问题上，还有待以后的进一步研究：模块化组织运行机制，模块化组织内部如何运转；模块化组织内部的协调模式，核心企业如何设计规则，如何持续有效管理同成员企业的关系；模块化组织中核心企业如何有效识别，是否存在某种条件下的标准；模块化组织中核心企业的成长需要具备哪些能力因素；等等。同时，在研究方法上，现有研究多侧重于规范分析，而较少采用实证分析，因此，本章同样存在较大的探索空间。

第 3 章　模块化组织中核心企业核心能力
体系内容分析[①]

　　基于文献综述，可以获悉，当前模块化组织中核心企业的相关研究处于
较为匮乏的状态，而核心企业核心能力的相关研究则更是处于几乎空白的现
状，在此背景下，通过借鉴内容分析法，展开对核心企业核心能力体系的研
究工作。

　　内容分析法作为一种全新的研究方法，在很多方面都不同于传统方法。
内容分析法最早产生于传播学领域。第二次世界大战期间美国学者拉斯韦尔
等人组织了一项名为"战时通讯研究"的工作，以德国公开出版的报纸为分
析对象，获取了许多军政机密情报，这项工作使内容分析法显示出了其在分
析工作中所存在的、独特的、明显的实际效果。

　　内容分析法是一种半定量研究方法，基本做法是把文献中的文字、非量
化的有交流价值的信息转化为定量的数据，建立有意义的类目分解交流内容，
并以此来分析信息的某些特征，目的是弄清或测验文献中本质性的事实和趋
势，揭示文献所含有的隐性情报内容，对事物发展作情报预测，内容分析的
过程是层层推理的过程。可以说，内容分析法作为一种新的研究方法，目前
对于研究步骤、研究过程、研究维度等研究方式的具体应用方面还未形成一
种统一、固定的标准或模式。因此，在借鉴内容分析法上，本研究更多地是
借鉴这种科学的分析思路，对模块化组织中核心企业核心能力要素进行理论
推演。

　　[①]　本章主要内容在《科技进步与对策》《中国科技论坛》《北方经贸》《上海对外经贸大学学
报》《World Journal of Research and Review》等期刊发表。

内容分析法主要有三种类型，即解读式内容分析法（Hermeneutic Content Analysis）、实验式内容分析法（Empirical Cotent Analysis）和计算机辅助内容分析法（Computer Aidedcontent Analysis）。本研究充分考虑到模块化组织中核心企业相关研究缺失的现状，所具体借鉴的是解读式内容分析法。所谓解读式内容分析法，其是一种通过精读、理解并阐释文本内容来传达意图的方法。"解读"的含义不只停留在对事实进行简单解说的层面上，而是从整体和更高的层次上把握文本内容的复杂背景和思想结构，从而发掘文本内容的真正意义。这种高层次的理解不是线性的，而具有循环结构：单项内容只有在整体的背景环境下才能被理解，而对整体内容的理解反过来则是对各个单项内容理解的综合结果。

对于模块化组织而言，其同任何组织形态一样，其最终的产生，需要经历形成与运行两个阶段，故模块化组织建构包括了组织形成与组织运行两个方面工作的开展。此外，模块化组织中核心企业是相对于模块化组织而存在，如果不存在模块化组织，则不存在模块化组织中核心企业，可以说，核心企业与模块化组织是一种相互依存的关系，核心企业的产生过程实质上也是模块化组织的形成过程，核心企业的运行状态实质上也是以其为主导的模块化组织的运行状态。基于此，在对内容分析法的借鉴下，形成了本章基于模块化组织环境的内容分析、基于模块化组织中核心企业产生的内容分析和基于模块化组织中核心企业运行的内容分析的内容架构，致力于通过本章的研究工作，识别出在模块化组织中核心企业的核心素质要素，以及其产生与运行阶段所需具备的核心能力要素。

3.1　核心企业核心能力概念界定

模块化组织中核心企业核心能力研究的展开，需要从对核心企业主导地位的分析切入。可以说，正是基于核心企业的核心能力，其在模块化组织中的主导地位才能形成并维持，因此，通过明确核心企业在模块化组织中主导地位的形成过程及实质能够一方面获悉核心企业核心能力的作用方向，另一方面确保从正确的视角对核心企业核心能力展开研究。

3.1.1　核心企业主导地位分析

对于模块化组织中核心企业主导地位的分析，是为了探寻在一种交织复杂的企业间关系网络状态中，核心企业如何脱颖而出，并占据模块化组织主导地位，通过设计组织结构与制定规则，引导着组织内企业间各种关系行为的有序、有效展开，进而实现对整个组织发展的领导。因此，对模块化组织中核心企业主导地位的分析应该基于企业间关系网络的相关研究成果进行。

1. 模块化组织中核心企业主导地位分析理论基础：网络理论

从内在结构上分析，网络就是各主体间经资源相互流动及配置进而发生各种相互联系并在此基础上最终建立的关系总和（Hakansson，1987）。基于此，我们可以将企业间关系网络界定为，企业间以共同参与某项具体活动（诸如设计、研发或生产等）为目的，通过企业间相互资源的流动与配置所形成的正式及非正式的关系网络。根据企业间关系类型的不同，可以将企业间关系网络划分为垂直关系网络与水平关系网络（邬爱其，2004）。垂直关系网络是指基于组织价值链，由处于价值链不同环节的企业，诸如供应商、生产商、分包商、代理商、服务商等所组成的关系网络，该网络还可进一步细分成前向与后向网络。而水平关系网络则是指处于组织价值链同一环节的企业，诸如研发、生产相似的产品或服务的企业相互之间基于共同战略目标（共同研发等）展开相互协作所形成的关系网络。可以说，在垂直关系网络中，存在着相互间的供需关系，并依托契约或者非契约的方式实现，其中，契约方式占绝对数。而在水平关系网络中，企业间并非纯粹的交易关系，更多地体现为一种相互间各种生产要素上的共享与互补。

在经济全球化的时代背景下，市场竞争日益白日化，能否获取持续的市场竞争优势将成为企业能否在市场中生存与发展的重要基础，故企业间关系网络的形成必然是基于网络中的企业获取竞争优势的核心需求。对企业竞争优势的获取，传统资源观将其定义为企业内部资源的结果（Barney，1986；Wernerfelt，1995；Penrose，1959），而近年来，部分学者将研究重心逐渐转移到企业如何通过从网络中各种关系所获取的资源中增强自身竞争优势上，并提出了网络资源观（Hallett，Ventresca，2006；Borgatti，2005），这种研究重心的转移显然更加符合企业成长的现实需求。网络资源观的主要思想是，能帮助企业提升竞争优势的资源，在当前的全球经济发展阶段，并非仅仅在企业内部存在，而是更为广泛地存在于企业所处的关系网络中。企业能够通过关系网络，同网络中其他主体产生合作关系，进而获取异质性网络资源，以持续提升市场竞争优势。

　　基于网络资源观的视角，企业间关系网络中贮存着丰富的网络资源（Network Resource），其充分保障和驱动了网络中各主体的持续成长。对于模块化组织而言，其实际上是一种企业间关系网络的特殊形式，其更加强调了关系网络的相对稳定性、有效性与持续性。模块化组织是一种介于企业与市场之间的中间组织，基于我们在上一章中已经展开的对模块化组织的相关研究，在模块化组织内企业间往往会产生不完全流动的异质性资源，组织内企业间可以通过对这种资源的共享，进而实现组织整体竞争优势的提升（Morales，Fernandez，2004）。因此，着眼于模块化组织，我们分别从网络资源观所提出的网络资源概念和同模块化组织存在密切关联的共享资源概念两个角度对模块化组织所拥有的组织网络资源展开分析。

　　（1）网络资源

　　企业间所存在的特定要素的链接往往是一种能够提升企业竞争优势的关键资源（Dyer，Singh，1998）。相对于传统资源观中存在于独立企业内的资源而言，网络资源强调其主要产生于两个方面：其一，其是企业间互动的产物，是企业间内外关系网络经相互嵌入与共同作用后的最终体现，因而，其产生与发展同企业历史沿革，尤其是企业以往所存在的网络关系状况紧密相关，存在着明显的历史依赖的特性；其二，在某种程度上更多地体现为一种具有较高价值的知识或信息，是一种有助于企业实现战略发展的特殊资源（Barney，1991）。此外，网络资源还可以被界定为一种难以模仿的资源，其是由企业间纵横交织的复杂联系所形成，并且，其可以进一步细分为网络结构、成员资格、关系形态、管理能力等四种类别的网络资源（Gulati，1999）。

　　（2）共享资源

　　企业间的竞合关系会形成一种系统效应（Systemic Effects），使得企业能够获得持续的成长（马歇尔，1920）。模块化组织中不仅企业间建立了分工协作的关系结构，更为重要的是企业间形成了一种紧密合作的关系网络，组织内独立企业边界模糊化，在一定程度上驱动了企业间资源的共享，使得在组织内总资源存量既定的情况下，通过对资源跨边界的配置与整合，在不侵害企业关键利益的条件下（组织允许"隐藏信息"的存在），逐步实现组织资源的共享，能够有效产生组织整体资源的协同效应，促进组织整体效益的最大化。对于模块化组织而言，资源协同的优势往往会体现为采购优势、研发优势、生产优势、运营优势和营销优势等（王燕燕，李冰，2007）。

莫拉莱斯（Morales, 2001）最早提出了对组织网络中企业竞争优势产生巨大影响的共享资源的概念。共享资源通常存在于组织网络及其内部企业间，是整个组织所共同拥有的而不能被任何企业独占的资源（耿帅，2005），往往体现为组织声誉（Morales, Fernandez, 2003；Roberts, Bowling, 2002）、企业间资源流动与整合渠道（Morales, Fernandez, 2003；Tsai, Ghoshal, 1998）、企业间高度信任（Morales, Fernandez, 2003）、知识共享与集体学习（Hoopes, Postrel, 1999；Maskell, Malmberg, 1999）、企业间竞合关系（Rothaermel, 2001；蔡宁，2006）、企业间相互支持与参与（Morales, Fernandez, 2003）等资源要素。

在对网络资源的研究维度上，米歇尔（Mitchell, 1969）从网络规模、网络结构、网络互动关系与网络运行过程四维度对网络展开研究，并初步构建出对网络特征进行描述的要素体系，其采取的研究方法与分析过程非常复杂。基于此，布尔特（Burt, 1982）结合分析单元与分析方法两维度设计出一种较为典型的网络研究模型，模型结构较为简洁，运用较为简单。而乌赫腾（Whetten, 1982）则基于组织间网络关系同两个组织间一对一链接关系两个层面对网络关系进行研究。

在早期关于网络研究方法的理论成果基础上，格兰诺维特（Granovetter, 1990）基于嵌入性，将其进行了层次化，细分为关系嵌入与结构嵌入。而米加尔（Michael, 1997）则在综合分析网络关系链接的形式、程度、内容、规则与演变等要素的前提下，进一步提出了一种综合程式来对网络进行描述与解构，即网络由资源要素、结构要素、规则要素与动态要素组成。

当前，"所有企业都存在于某种关系嵌入与结构嵌入中"的观点已经得到了理论界大多数的认同（Rowley, Behrens, 2000；Gulati, 1998），可以说，作为某种结构化的分析框架，将对组织网络研究的基本维度界定为关系（链接纽带）与结构（关系间的分布）是合适的。关系维度主要涵盖了关系内容、关系类型、关系强度、关系持续性、关系方向等，而结构维度则主要包括了网络规模、网络密度等。此外，关系与结构两维度都能够对组织网络的资源条件进行充分的反映，故基于关系与结构两维度对模块化组织中核心企业展开研究具有可行性。

在对网络研究的定量方法上，当前主流的观点可以划分为两类。一是根据组织网络内互动内容及关系模式的差异性，把组织网络细分成多个层次，然后对每个层次分别进行测量。比较有代表性的是，邬爱其（2004）将网络细分成企业间一级网络与企业同组织外相关机构所形成的二级网络，并针对一级网络结构维度，提取出网络范围、网络中心度与网络位差（可细分为前向位差与后向位差）三个变量，而针对关系维度，则提取了关系持久度、关系类型与关系强度三个变量。此外，针对二级网络，提取了关系持久度、关系强度和关系范围三个变量。无独有偶，马刚（2005）在对网络的研究中，也选取了较为类似的测量变量。

另一类观点，是将组织网络以整体为单位进行度量，比较有代表性的是，黄洁（2005）将组织网络作为一个整体，并选取了网络强度、网络范围、网络关系位置与网络稳定性四个变量来进行度量。

以现有研究成果为基础，本书也采取了"结构—关系"的分析方法，并通过结构与关系两维度对已有的研究进行了整理，进而提取了已有研究经反复验证与重复的四个维度变量，即网络范围、网络中心度、网络稳定性与网络强度，并做进一步说明。

（1）网络范围

网络范围可界定成组织网络中的独立企业在组织网络中所拥有的直接相关的各种关系类型的总量（Marsden，1990）。关系类型的总量越多，则其在组织网络中的范围就越大。网络理论的重要观点，即关系类型的差异性使得其所能获取的资源也存在差异性，故网络范围在某种程度上可以对企业所能获取异质性信息与资源的程度进行度量。对于组织网络而言，如果其拥有的网络关系较多，且关系类型又多体现为异质性，那么，在网络中，所蕴含的资源就会越丰富。

（2）网络中心度

网络中心度被界定为组织网络中的独立企业所处于组织网络中的位置情况（Wasserman，Faust，1994）。可以说，其是对组织网络中独立企业在网络中重要程度差异性进行衡量的重要概念工具，其描绘了组织网络中链接关系分布情况，能够用来对独立企业的重要性进行评价，并对组织网络位置优越性与声望等进行度量，其在网络分析中，经常被用来对网络中独立企业获取资源与控制资源等可能性进行检测（罗家德，2005）。此外，网络中心度也能够用权力的视角来进行解释，基于权力来获悉网络中独立企业的地位、条件、机会与限制因素等信息，独立企业在网络结构中处于不同的位置，则就会产生不同的权力（Hanneman，1998）。

（3）网络稳定性

网络稳定性主要指组织网络中，关系可持续的程度。通常来说，"强关系"能够维持较长时间，因而，其稳定性较强，而"弱关系"则很容易消亡，因而，其稳定性较弱。此外，关系的持久程度还能够用来对组织网络稳定程度进行衡量（Marsden，1990；黄洁，2005）。

（4）网络强度

关系强度是一种用来描述组织网络内在特征的维度。基于现有研究，关系强度是两个因素所构成的函数，其一，关系所能交换资源的总数量，其二，组织间相互接触频率（Ferry，1980）。关系有"强关系"与"弱关系"之分，而网络强度则主要指网络嵌入性的程度，能够用独立企业在组织网络中"强关系"在所有关系中的比重进行测量（黄洁，2005）。

2. 模块化组织中核心企业主导地位形成过程

当前，模块化组织理论的研究还处于一个从表层研究向内部深度研究逐渐拓展的阶段，还处于一个较为初级的研究状态，其理论体系尚未形成。在此背景下，基于模块化组织实际上是一种企业间关系网络的特殊形式，故以网络理论相关研究成果为基础，对模块化组织中核心企业展开研究，是可行的。因此，我们基于网络研究的四个维度变量，展开对模块化组织中核心企业主导地位形成过程的分析。

（1）组织网络优势位置的占据形成核心企业主导地位生成的重要支撑

核心企业通过占据有利的组织网络位置，实现了对组织网络信息、知识、行为的有效控制。组织网络位置充分反映了企业在模块化组织中的网络链接关系与其所具有的网络地位，可以说，组织网络位置在一定程度上决定了企业对组织网络资源控制力的大小，进而决定了企业对组织网络中其他企业行为影响力的强弱。组织网络位置的差异性使得企业在通过组织网络获取新知识、新技术、新思想等方面的可能性与便利性存在明显不同（Tsai，2001），体现了企业在获取组织网络资源能力上的差异性。处于组织网络较好位置的企业，其不仅在获取组织网络的信息与知识中占据优势地位，而且，其能够实现组织网络外有关机会和威胁的信息，以及组织网络内其他企业相关信息的更快吸收与传递（Uzzi，1997；Powell，Doerr，1994）。在组织网络信息与知识等资源要素上占据优势地位，会使得企业在对组织网络的控制上处于明显的有利位置，进而保障了处于该位置的企业能够更为有效地对组织网络中其他企业进行资源跨边界的协调与整合，以及企业具体行为的引导与规制。企业对组织网络的这种控制力能够通过两个层面进行更加深入的解析，其一，通过对信息与知识等资源要素的控制，使得企业能够更好地对组织网络资源进行优化配置，进而能够实现组织网络中企业间在发展目标等方面的有效协调；其二，通过对组织网络中企业具体行为的控制，使得企业的具体行为能够符合组织整体利益的发展方向。对于模块化组织中核心企业而言，其通过系统设计使得模块化组织得以最终构建，进而形成了其对组织网络中信息与知识等资源要素的有效控制，此外，其基于规则制定，使得模块化组织内企业间能够实现相互有效协调，保障了组织整体的有效运行，从而实现了对组织网络中企业具体行为的控制，故核心企业在模块化组织网络中始终占据着有利的优势位置，这对其在模块化组织中主导地位的生成形成了重要的支持性作用。

（2）组织网络中心性的强化直接促使了核心企业主导地位的生成

网络中心性使得企业能够更容易地获取存在于其所处组织网络中的各种信息与知识（Tsai，2001），进而能够有力地增强其识别并把握市场新机会的能力与应对市场变化的反应速度。可以说，处于网络中心性位置的企业，通过对组织网络多元化信息与知识通道的独占，实现了对组织网络信息流与知识流的主导，进而能够对组织网络中其他企业展开信息、知识等资源要素整合的行为进行协调与控制，在很大程度上，主导了组织网络价值整合的过程。对于模块化组织中核心企业而言，由于其占据着有利的组织网络位置，进而能够对组织网络信息、知识、行为展开有效控制，故其必然处于网络中心性的位置。核心企业对组织网络中心性位置的占据，使得其能够从两个方面持续增强其在组织网络中的核心优势：其一，组织网络中心性位置更加有利于核心企业在完全的组织网络范围内搜寻与获取具有价值的各种信息与知识，能够有效降低对信息与知识搜寻与获取的成本；其二，组织网络中心性位置使得核心企业同组织网络中其他企业形成了从属关系，其他企业演变为组织网络的成员企业①，成员企业基于相对稳定利益获取的需求进而对核心企业逐渐形成了非对称性的依赖关系，并在此作用下，使得其更加注重信任、承诺、信誉等非契约性因素以确保其同核心企业能够保持相对持续的合作关系，进而使得其更愿意将"隐藏信息"公开给核心企业，从而一方面在成员企业向核心企业转移"隐藏信息"的基础上使得组织网络更能实现有效的资源跨边界配置，另一方面核心企业能够利用这种非对称性的依赖关系，取得其对成员企业的主导地位。因此，通过对网络中心性位置的占据，核心企业从对组织网络信息、知识、行为的控制逐渐升级为其对组织网络的主导，可以说，网络中心性位置使得核心企业的主导地位得以形成。

（3）主导地位使得核心企业对组织网络的影响力持续增强

模块化组织中核心企业主导地位的形成，有力地强化了成员企业对其的网络认同。网络认同对于组织网络的稳定性与持续性而言至关重要，核心企业虽是组织网络主导者，但其同处于追随者地位的成员企业间并非行政性的强制关系，而是一种自愿服从的关系，这使得核心企业需要在对组织网络资源控制的基础上，建立一种类似于权威的作用机制，能够对成员企业的行为与认知产生持续影响。在这种作用机制下，核心企业能够在获取成员企业网络认同的基础上，培育出一种巨大的组织能力，进而对成员企业间的协作形成保障，确保组织网络整体目标的实现。此外，这种组织能力的持续提升，又会进一步强化核心企业在组织网络中的权威影响力，使得成员企业在这种影响力的作用下能够在其决策与行为等方面同组织网络整体保持一致。可以说，基于网络认同的权威影响力的不断增强，使得核心企业对于组织网络的作用已经不仅仅限制在主导作用上，而因其对成员企业影响力持续强化致使其从组织网络的主导者逐渐演变为组织网络的领导者，成员企业对其的追随成为一种自发自愿的行为，进而组织网络的稳定性与持续性获得了持续提升。

3. 模块化组织中核心企业主导地位实质

通过对模块化组织中核心企业主导地位形成过程的研究，可以发现，伴随着其主导地位的生成，其对成员企业的影响力在不断强化，促使了成员企

---

① 在本书的研究中，"成员企业"同"成员模块"具有完全相同的定义，均指在模块化组织中属于从属地位，环绕着核心企业，并且完全服从核心企业领导的企业。在本书文字描述的过程中，根据上下文语言一致性的要求，在用语上，同时使用了"成员企业"和"成员模块"，但两者的内涵完全一致。

业形成了一种非行政力量的对其自愿追随的状态。可以说，核心企业主导地位的实质，是其具备了对成员企业的影响力。在传统管理理论中，将影响力定义为领导力的本质，影响力也是领导区别于管理的核心要素，正如列宁对领导的精辟解析"保持领导不是靠权力，而是靠威信、毅力、丰富的经验、多方面的工作以及卓越的才干，是一种通过影响他人，并带领他人实现共同目标的过程"。因此，基于核心企业影响的对象是独立的成员企业，我们对传统基于人与人的领导力概念进行了延伸，认为核心企业主导地位的实质是其具备了企业间领导力，进而成为了组织网络的领导者。

为了对企业间领导力进行合理的诠释与界定，我们对传统管理理论中个体领导力的相关研究进行了简单梳理。领导力往往被认为是管理者的一种个人特质，这种特质并非来源于其所拥有的管理职权，而是其个人品质、知识、性格、技能、道德、行为等所形成的一种综合素质（Yukl，2002）。领导力就是一种影响力，其可被定义为由方向探索、充分授权、整合校准与树立榜样等方面能力的有效集成（Covey，2004）。基于此，对于企业间领导力的内涵，通过借鉴个体领导力研究成果，并结合模块化组织中核心企业于企业间领导特性，将其界定为模块化组织中核心企业的一种影响力，其通过对组织发展方向的探索、成员企业在细分领域的授权、组织资源跨边界的整合与自身优良形象的树立来影响并引导成员企业的具体行为，促进组织网络的持续发展。

在经济全球化的背景下，市场竞争日趋激烈，模块化组织的市场竞争地位也会产生较大的波动。故基于组织整体竞争地位维持和提升的需要，组织需要对市场的发展方向具有预见性。显然，成员企业难以承担对发展方向探索的任务，从而核心企业以组织领导者的角色通过对市场需求及趋势的研判，对组织发展方向进行持续调整，进而在确定并清晰的发展方向引导下，进一步强化了成员企业对核心企业的追随意愿。此外，对于模块化组织而言，其是基于专业化分工与业务归核化的产物，成员企业间是一种基于细分领域专业化的协作关系。因此，核心企业通过对成员企业在细分领域的充分授权，使得其能够在核心企业的统一领导下独立进行事务处理和制定业务发展战略等工作，这一方面有效提升了其工作意愿，另一方面也提升了模块化组织的灵活性与应对风险时的处理能力。可以说，正是基于核心企业非行政性的强制干预，给予成员企业在组织整体既定任务和战略下充分的自主权，进一步强化了成员企业对核心企业的服从意识。同时，核心企业因具备了更为广泛的知识和强大的组织能力，使得其能够对成员企业的"隐藏信息"进行认知与吸收，并通过组织系统性架构的建设，实现组织资源的跨边界整合，促使组织整体效益最大化的实现，进而成员企业也能获取自身收益的最优值。核心企业的这种着眼于组织整体并展开内部协调的能力是成员企业难以具备的，故强化了成员企业对其的非对称性依赖，使得其对成员企业的影响力不断深化。最后，核心企业通过在组织网络中树立优良的形象，在组织网络中发挥示范效应，有效加强成员企业对声誉、信任等非契约因素的重视，形成了成员企业机会主义行为的规避，进一步加深了核心企业对成员企业的影响力。

企业间领导力是核心企业在组织网络中处于主导地位的实质，是核心企业对于组织网络强有力的影响力，是核心企业能够领导成员企业并实现组织整体目标的关键。而对于企业间领导力的形成，则必然是核心企业一系列基于组织网络的核心能力综合作用的产物。

3.1.2　核心企业核心能力定义

通过对模块化组织中核心企业主导地位的研究，明确了其主导地位的实质是企业间领导力的建立与维持，而企业间领导力并不是一种单独存在的能力要素，而是一系列来自于企业的核心能力要素的集合。基于此，我们对模块化组织中核心企业核心能力的概念进行了探寻。

对丁模块化组织而言，其是通过基丁专业化分工对组织价值链进行分拆进而形成各功能子模块，并按照一定的设计规则将分拆所得各子模块整合以实现资源优化配置的企业制度安排。就如在对核心企业主导地位的研究中所分析的，模块化组织是专业化分工与业务归核化的产物，其内部是具有独立产权的成员企业在市场竞争程度持续加深的背景下基于获取相对持续收益的需求所形成的一种相对稳定的基于细分领域专业化的紧密协作关系。可以说，模块化组织的最终形成虽然需要经历组织设计与规则制定的系统过程①，但其内部实质上所体现出的是一种包容着复杂的、多层的、大量的企业间关系所形成的关系网络，因此，其实际上是一种企业间关系网络的特殊形式，其更加强调了关系网络的相对稳定性、有效性与持续性。

通过对核心企业主导地位的研究，我们获悉了核心企业在模块化组织中

---

① 本章第 3 节和第 4 节将展开系统研究。

主导地位的生成过程，即其企业间领导力培育、形成与提升的过程，故支撑核心企业占据模块化组织中主导地位的关键是企业间领导力的建立与维持。因此，我们确定了模块化组织中核心企业核心能力的研究方向，即核心企业核心能力能够使得核心企业建立并维持企业间领导力。基于模块化组织是一种企业间关系网络特殊形式的实质，我们能够清晰地明确核心企业的核心能力应该是其所具有的网络能力的集合，而并非传统企业能力理论所提出的"企业内部能力的集合体"（Levin，2004），是一系列基于核心企业外部关系网络的能力组合。可以说，对于模块化组织中核心企业核心能力的研究是对现有企业网络能力理论研究的深化，但是基于模块化组织中核心企业核心能力聚焦的区域是模块化组织内部的关系网络，进而使得其在某种程度上又区别于传统的企业网络能力[①]，应该说，模块化组织中核心企业核心能力是一种具有"网络边界"的企业网络能力，基于此，从模块化组织角度出发，我们将其界定为模块化组织能力，即核心企业核心能力是由系列模块化组织能力所形成的能力体系，是基于模块化组织的一种外部管理能力，这种能力相对于模块化组织中其他成员企业而言具有明显的异质性。

3.2　基于模块化组织环境的内容分析

对模块化组织中核心企业核心能力的界定，形成了对核心企业核心能力的初步认识，在一定程度上对核心企业核心能力要素的识别工作形成了引导。而本章节通过对模块化组织外部环境与内部环境的内容分析，对核心企业核心素质要素进行了识别，则对核心企业核心能力要素识别工作的展开具有基础性作用。

3.2.1　外部环境驱动因素分析

核心企业的产生同模块化组织所处外部市场环境有着相当紧密的关系。可以说，在一定程度上，经济全球化、市场需求差异化与多样化，以及企业市场竞争态势动态加剧等组织外部的市场环境因素，催生出模块化组织中的

---

① 在对网络理论的梳理中，可以清晰地发现，其研究聚焦于两块：其一，同企业具有紧密关系，即"强关系"所形成的关系网络；其二，同企业关系较为松散，即"弱关系"所形成的关系网络。而对于模块化组织而言，其更为着眼于"强关系"所形成的关系网络。

核心企业。此外，科学技术、信息技术等快速发展又为模块化组织中核心企业的成长提供了有利的外部条件。

1. 经济全球化

伴随政治领域中全球冷战状态的终结，基于意识形态的世界范围内国家间相互对立的态势随即结束，世界的主旋律随之演变为经济的合作与发展。在此背景下，WTO 缔约国范围的持续扩大，使得世界经济交往规则逐渐趋于一致，而交通、信息、通信等技术领域的发展，又使得全球经济的交叉更为频繁以及关联更为密切，进而企业的竞争演变为全球性的市场竞争，企业的发展转变为基于全球范围内的资源优化配置，故企业对资源获取的难度与成本持续提升，其所面对的竞争程度不断增强。因此，面对市场竞争环境的变化，企业单靠自身获取并维持其竞争优势显得格外困难，客观上推动了企业专业化分工的细化与企业间相互协作的持续展开，而分工细化与相互协作则依赖于相对合理的内部规则与相对稳定的内部结构，在现实需求的驱动下，核心企业的出现成为必然，其作为模块化组织的领导者，通过制定内部规则与稳定内部关系实现模块化组织的持续发展与整体市场竞争优势的有效提升，进而使得各成员企业实现其独立面对市场时难以获得的持续发展。

2. 市场需求差异化与多样化

市场需求是模块化组织发展的动力源，组织所提供的产品或服务只有符合市场的需求，才能有效实现其内部价值和外部价值的有效融合。因此，对市场需求的快速反应成为了模块化组织的关键任务。伴随着市场的发展，消费者更趋理性化且其对市场的要求日趋提高，诸如以下几个方面：对产品或服务质量与可靠性的要求不断提高，经分解后主要包含了原料选用、设计水平、加工精密、外观要求等各具体环节在生产水平上的提升，可以说，消费者对产品或服务的生产过程提出了越来越高的要求；对产品或服务个性化的要求不断增多，消费者日趋理性，使得其通过购买行为对产品或服务的提供者持续施加影响以期望产品或服务能更好的满足其自身需求，致使了产品或服务的种类越来越多，进而导致了市场竞争的白日化；对顾客需求满足敏捷度的要求不断提高，在当前的市场环境中，对顾客需求的快速反应能够使得顾客对产品或服务形成更加深刻的印象，通过持续缩短从顾客需求到引导产品或服务生产并最终提供给顾客期间的时间，能够有效提升顾客对产品或服务的满意度，并降低企业的投资风险，获得更好的市场竞争地位，因此，市场环境给予企业的竞争压力日趋增强；对服务水平的要求不断提升，在当前市场环境中，消费者对于产品的售后服务及其持久维护的要求越来越高，致使企业投入服务领域的成本持续增加；等等。市场需求的差异化与多样化加剧了市场竞争的程度，单个企业难以承受市场压力与不确定性。因此，市场环境客观上推动了模块化组织的产生，并驱动了核心企业的形成。核心企业在模块化组织中具有信息中枢的特性，其关注于市场需求的动态变化，对市场需求进行及时捕捉并进行专业化解构，分配给各成员企业展开生产工作。在此过程中，核心企业专注于市场需求的获取、分解，而成员企业则专注于其专业领域的生产，有效缓解了对于单个企业所存在的持续增强的竞争压力。

3. 市场竞争态势的变化

在当前全球化经济的时代，资源配置呈现出全球化的特点，基于此，企业间的市场竞争逐渐演变为企业群间的市场竞争，即模块化组织间的市场竞争。此外，顾客需求的个性化、敏捷化，产品或服务替代品增多，产品或服务生命周期持续缩短，资源获取难度与竞争性加强等等，使得模块化组织间的竞争覆盖了资源、区位、顾客等各领域，并且竞争程度日趋激烈，进而对模块化组织在市场反应、资源获取、需求分解、任务执行、内部协作等方面提出了越来越高的要求，客观上需要存在一个领军企业对模块化组织运行进行统一指挥，故核心企业得以产生。

4. 技术的快速发展

科学技术将产品或服务不断的推向复杂化与高科技的发展模式，使得一种产品或服务的最终产生通常需要涉及到诸多领域的技术知识，而伴随着经济全球化背景下企业专业化分工的深化，致使单个企业难以胜任产品或服务从研究、开发到投产、营销及售后服务等全部的生产工作，驱使其同具有细分专业化优势的企业展开相互的合作，而这种合作的建立与维持客观上需要某种力量来推动与管理，故核心企业在这种需求的驱动下得以产生。此外，信息通信、计算机网络等技术的快速发展使得核心企业能够在全球范围内建立和管理专业化成员企业间的协作关系，实现资源配置的全球化与能力互补的全球化。

3.2.2　内部需求驱动因素分析

对于模块化组织内的核心企业与成员企业而言，其都是具备法人地位的独立企业，企业间不存在行政隶属关系，核心企业同成员企业在模块化组织中是一种领导与被领导的关系，并非传统的强制性行政控制。基于成员企业"被领导"的特性，核心企业的出现正是成员企业间有效协作并实现相对稳定的现实需求。可以说，核心企业的产生是基于模块化组织内在的切实需求，主要包括了组织稳定的需求、组织效益的需求和组织核心竞争力的需求等。

1. 组织稳定的需求

成员企业间所建立的合作关系往往以契约协议的方式而存在，这种纯粹的契约关系使得其相互合作难免会受到诸多不确定因素的影响，如市场不确定性、契约履行不确定性等，进而使得其相互间的合作行为存在较大的不稳定性，机会主义行为在某种程度上似乎难以避免。在此前提下，核心企业的出现有效解决了内部稳定性的问题。核心企业通过制定内部规则，明确了组织内部结构与成员企业间关系模式，并通过契约与非契约相结合的方式对组织内部进行治理，以契约为基础形成核心企业同成员企业以及成员企业间的合作关系，而非契约治理方式则对这种合作关系形成了重要的保障，即非契约的方式使得成员企业对内部规则有更加系统的认识并且明确组织内声誉、信任的重要性，以及机会主义行为所孕育的巨大风险①，进而使得组织内基于契约形成的合作关系得以稳定。因此，核心企业的产生是模块化组织保持内部相对稳定以及成员企业间实现有效协作的客观需要。

2. 组织效益的需求

模块化组织是经济全球化背景下市场竞争日趋激烈的产物，企业为获取市场竞争优势，将自身重心聚焦于其在某细分领域具有专业化优势的核心业务上，并通过同其他具有细分领域专业优势的企业合作，以获取整体效益的提升，因此，模块化组织内成员企业间合作关系建立的动力源是通过实现整体效益最优致使自身效益最大化。而由于组织内机会主义风险的存在，使得成员企业在合作过程中具有很强的自我保护意识，进而导致组织内部资源难以实现在企业间的优化配置，最终可能会造成对模块化组织的严重打击，进而可能会形成组织整体效益"1 + 1 < 1"并导致组织瓦解。基于此，核心企业在模块化组织中的作用就显得非常重要，其通过对组织内机会主义行为的控制，进而对组织内资源展开系统整合，并形成成员企业间协作的有力保障，

①　成员企业若因短期利益产生机会主义行为，则其在组织内声誉、信任会受到毁灭性的影响，致使其被模块化组织除名，进而损失了可以获取的相对稳定长期利益的机会。

使得模块化组织能够发挥出最佳的整体性能，获取整体效益的最优。

3. 组织核心竞争力的需求

核心竞争力是企业自身在生产及服务中所拥有的系列技能与知识的综合，其具有一种或多种技能处于细分竞争领域的领先地位。此外，这些技能又能够给消费者提供具有某种排他性的特殊利益。模块化组织的核心竞争力是建立在组织内资源有效整合的基础上，是通过市场竞争所反映出的组织所拥有的技术、管理、产品、服务及文化等的整体综合优势。在模块化组织中，成员企业基于其核心资源经专业化分工实现其细分领域的专业优势，进而形成其自身的核心竞争力，并通过同组织内其他企业的合作形成资源与专业的互补，促使了组织整体核心竞争力的持续提升，而在成员企业间资源与专业互补的过程中，其预期成效的实现有赖于在一个领军企业的指导下有序、合理、持续的展开，因此，核心企业的产生是模块化组织整体核心竞争力提升的实际需要。

3.2.3 核心企业核心素质要素识别

在模块化组织外部环境与内部需求的驱动下，核心企业的出现具有必然性，但怎样的企业才能成为核心企业或怎样的企业才能成为组织的主导者，随即成为了一个急需解决的问题。基于对模块化组织环境的内容分析，可以获悉，核心企业之所以能够成为模块化组织的核心与主导者，其自身需要具有相对于成员企业的异质性资源或"天赋"，即核心素质，其核心素质在很大程度上保障了组织内部价值整合同外部价值整合有效融合的组织运行目标的实现。此外，通过对模块化组织环境内容的进一步分析，我们可以将核心企业的核心素质要素识别为企业行业影响力、创新能力、市场地位、商业信誉和协调能力等五大要素。

1. 行业影响力

企业运行的目的是对利润的无限追逐，故当成员企业做出接受核心企业领导并成为模块化组织成员的决策时，必然会重点考虑其预期收益的持续性与可实现性，只有预期收益具有巨大的吸引力，其才会选择成为某模块化组织的成员，否则，其会选择成为其他的具有更高预期收益的模块化组织成员。因此，核心企业必须具有足够的行业影响力与业务规模，才能够对成员企业产生充分吸引，进而形成成员企业对核心企业的追随，使得核心企业的企业间领导力得到持续强化，最终以核心企业为主导的模块化组织才能逐渐形成。

2. 创新能力

市场日趋激烈的竞争环境，使得产品或服务的生命周期日益缩短，致使了市场对企业研发能力的要求越来越高。在此背景下，核心企业需要具备较强的创新能力，该创新能力可细分为两块，其一为拥有产品或服务中的核心技术并能够对其持续升级，其二为能够整合各分散的创新元素并引导、协调整体研发的具体工作。可以说，基于核心企业的创新能力，其市场竞争优势才有持续保持的可能，其通过整合成员企业的创新元素以发挥整体创新最优的结果才能实现，进而才能使得成员企业对其的依赖性持续增强，最终确保模块化组织的相对稳定与有效运行。

3. 市场地位

核心企业在市场竞争中核心优势越明显，其市场地位就越高，进而对成员企业的影响力就越大，并对组织外企业的吸引力也越强。而核心优势往往以核心企业产品或服务的市场占有率来体现，市场占有率高，则说明核心企业在市场具有较为强势的获利能力，将产生巨大的市场竞争优势，进而形成对提供生产运营各环节专业化工作的成员企业的凝聚效应，一方面使得在模块化组织产生时，核心企业对成员企业具有更为广泛的选择权，另一方面使得模块化组织产生后，在运营过程中更加稳定，此外，还使得模块化组织能够根据市场环境及成员企业能力的变动对成员企业进行筛选与重组，以确保组织运行的有效性。

4. 商业信誉

模块化组织中核心企业同成员企业及成员企业间合作持续展开的重要基础是信任，因此，核心企业具备优良的商业信誉则能够一方面给成员企业极大的信任感，另一方面能够在成员企业中形成示范效应，从而为模块化组织的有效运行打下牢固的根基。可以说，如果核心企业的商业信誉丧失，对于模块化组织而言，将可能产生毁灭性的打击，故核心企业优良的商业信誉对模块化组织内各种合作关系的稳定与持续具有重大的影响。

5. 协调能力

模块化组织松散耦合的内在结构，以及成员企业独立法人实体的现实，使得组织内可能会产生信息不对称和"搭便车"等隐患因素，进而可能诱发成员企业的机会主义行为，形成对组织运行的严重破坏，因此，核心企业必须具备强大的协调能力，能够对组织内的风险因素进行系统识别，并通过制定内在规则，对成员企业的生产运营展开有效的协调与管理，进而促使组织整体效益持续提升。

3.3 基于核心企业产生的内容分析

在模块化组织外部环境、内部需求等多种因素的共同作用下，一方面对模块化组织中核心企业所需具备的核心素质提出了明确的要求，另一方面也有效驱动了模块化组织中核心企业的出现。与之相伴随，模块化组织得以真正形成，可以说，模块化组织中核心企业的实际产生，是在多种驱动因素作用下，模块化组织整体设计的结果。

在模块化组织中，各个企业都是具备法人地位的独立企业，企业间并不存在行政隶属关系，企业间关系的维护与协作的维持，都是基于组织整体设计后所确定的相对稳定的组织结构、组织流程、组织职权、组织绩效、组织激励等所形成的系统架构，正是经组织整体设计，明确了企业间的合作关系、合作模式、合作规则等，模块化组织才得以真正的存在，也正是在组织整体设计的过程中，企业间在地位、功能等因素上的差异性才得以体现，领军企业才能够真正脱颖而出，并得到其他企业的信服与追随，组织内二元结构才得以最终形成，可以说，模块化组织中核心企业的产生过程，实质上，是以其为主导的对模块化组织整体设计的过程，故基于组织设计理论，从模块化组织形成角度，对模块化组织中核心企业产生展开内容分析，进而识别出其在产生阶段所需要的核心能力要素。

3.3.1 核心企业产生分析

在"技术模块化→产品模块化→产业模块化→组织模块化"的模块化演进路径下，模块化组织作为一种新型的资源配置方式和组织形态在新经济时代的背景下得以出现，其提供了一种全新的资源整合范式以对组织的持续成长形成动力源泉。

模块化组织虽然是一种新型的组织管理模式，但是，其存在的目的在某种程度上和传统的组织存在一致性，即通过合理分工、资源优化配置，提升组织整体竞争力，实现可持续的发展。相对于传统组织而言，模块化组织的差异性可能主要在于分工的更加深化与细致，以及资源配置的更加开放与跨边界等，可以说，模块化组织的这种差异性更多体现在程度上，程度的加深使得模块化组织系统更加复杂，而从整体功能、作用方式、运行目标等综合因素来分析，其同传统的组织在某种程度上具有同一性。因此，在对模块化组织形成过程的研究中，我们以传统组织管理理论较为成熟的研究成果为指导，基于模块化组织的新特点针对性的展开，一方面引导我们对模块化组织认识的深入，并进一步完善现有的模块化理论研究成果，另一方面，促使我们丰富和发展传统的组织管理理论，具有较大的可行性。

1. 传统组织设计理论梳理

任何组织形态的出现，可以说，都是组织设计的结果。在传统的组织管理理论中，对组织设计的研究已经相当成熟。组织设计是指对一个组织的结构进行规划、构设、创新或再构造，以便从组织的结构上确保组织目标的有效实现（杨洪兰，张晓蓉，1997）。组织设计，主要指组织结构的设计，是把组织内的任务、权力和责任进行有效组织协调的活动（余凯成，2001）。此外，还有一些对组织设计的定义，其内涵更加广泛：组织设计是一个诊断和选择为达到组织目标所必需的结构和正式的沟通、劳动分工、协调、控制、权威以及责任体系（荷尔瑞格，斯劳卡姆，渥德曼，2001）；组织设计是以企业的组织结构安排为核心的组织系统的整体设计工作，它是企业总体设计的重要组成部分，是有效地实现管理职能的前提条件（刘巨钦，1996）；组织设计就是为了达到组织目标，在组织的分工类型、组织部门及其相互之间的关系，以及在组织成员之间的地位和相互协调关系方面所做出的选择（金东日，2003）。可以说，组织设计包括了组织中的议事规则、办事程序、规章制度、人员配置、机构设置、人与物关系等内容的设计与协调活动。

基于已有的研究成果，任浩（2005）对组织设计的定义进行了整合、完善与提炼，认为，组织设计是建立或变革企业组织的过程，即通过对组织的结构、流程、职权、绩效和激励机制等模块的设计并加以整合，从而使组织最终获得最佳工作绩效的动态过程。该定义对组织设计进行了经典、全面、系统的概括，是国内外学者对组织设计各种定义的有效总结，故我们采纳任浩教授的定义，并基于此开展对模块化组织结构设计的研究。

按照任浩（2005）对组织设计的定义，可以发现，组织设计具有以下几个特点。

（1）组织设计是一个过程

组织设计是根据组织的目标，考虑组织外部环境和内部环境来建立和协调组织的过程。这个过程的一般步骤有：分析组织的外部环境和内部环境，设定组织设计的目标；构建模块；整合模块；实现设计方案。

（2）组织设计是动态的

由于组织内外部环境处在不断的变化之中，因此，组织设计不可能是一劳永逸的，必须要对组织的结构、流程、职权、绩效和激励机制进行调整并加以整合，以适应内外部环境的变化。

（3）组织设计实行模块化

模块是指能完成一定功能的一个相对独立的子系统。模块化组织设计，一方面可以提高组织的敏捷性，另一方面使得组织的设计和再设计不一定要面面俱到，而是根据组织环境的变化选择所需的模块进行构建即可。

通过对传统组织管理理论中组织设计研究成果的梳理、总结与分析，我们构建了组织设计过程模型（如图 3.1），以帮助我们对传统的组织设计理论形成更加系统的认识，进而引导我们对模块化组织形成研究工作的展开。

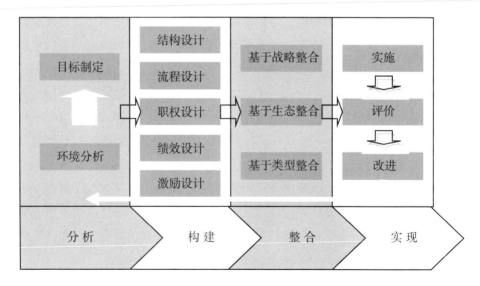

图 3.1　组织设计过程模型

传统组织管理理论中，组织设计大致需要经历四个阶段，即分析、构建、整合以及实现。

（1）分析

分析阶段是整个设计工作的开端，也是设计工作的基础。这一阶段的主要任务就是要对组织设计的内容进行规划，并确定组织设计的原则、目标和推进的时间进度。

针对组织设计的具体内容，基于传统组织管理理论中对组织设计的研究成果，可以将其划分为五大模块，即结构设计、流程设计、职权设计、绩效设计、激励设计。在明确设计的内容后，分析阶段需要完成的一个重要工作就是确定设计的原则。设计原则是整个设计工作所应当遵循的原则，是组织设计的方向，在确定时需要充分考虑组织的内外部环境。

（2）构建

构建阶段是按照分析阶段所确定的设计内容、原则等，对组织进行具体模块构建的阶段，即构建组织结构、组织流程、组织职权、组织绩效、组织激励五大模块的阶段。

组织结构是组织设计中最为重要的模块之一，它决定了企业组织的整体形态。组织结构是为了完成组织目标而设计的，是指组织内各构成要素以及它们之间的相互关系，它是对组织复杂性、正规化和集权化程度的一种量度，它涉及到组织层次的确定、机构的设置、职能的划分、职责与权限的认定及组织成员之间的相互关系等，可以说，组织结构的本质是明确内部的分工协作关系，其内涵是构建职、责、权方面的结构体系（赵慧英，林泽炎，2003）。

组织流程是组织设计的第二大模块。组织流程是为满足顾客的需求和实现组织目标，在组织的逻辑思维模式指导和现有的资源条件下实现产品或服务的一系列活动的实际过程，是为完成某一目标（或任务）而进行的一系列逻辑相关活动的有序集合（芮明杰，钱平凡，1997）。组织流程以客户需求以及资源投入为起点，以满足客户需要、为企业创造有价值的产品或服务为终点，决定企业资源的运行效率和效果。或者说，组织流程是组织以输入各种原料和顾客需求为起点到企业创造出对顾客有价值的产品或服务为终点的一系列活动的集合。

职权设计是组织设计的第三大模块。这一模块构建的主要目的是实现组织职权在组织中的合理分配和控制。在进行模块构建时，需要设计出适合于组织特点的职权分配方式和方法。从另一方面，职权有分配就必须有控制，否则职权将会在失去控制的情况下造成组织的混乱。通过分配与控制两个手段的配合，才可能完成职权模块的构建。

绩效设计是组织设计中另外一个重要的模块。绩效设计的目标是为组织内部各组成部分制定详细的绩效管理方案。在绩效模块的构建中，需要重点设计四大块内容：如何评价组织整体的绩效；如何评价各组成部分的绩效；如何评价流程的绩效；如何将评价进行结构化。

模块构建的最后一个部分是激励设计。激励设计的目的是为组织制定好各种类型的激励制度。组织的激励措施不应当仅仅是一种临时性的奖励，而应当成为一种制度进行固定。在进行组织设计时，需要对组织的激励方法进行设计，根据组织的实际情况采取不同的激励手段组合，并使之落实成为一种企业制度。

将组织设计的工作划分为五个模块并不是意味着在实际的操作过程中需要将几个模块分割开来单独进行构建。相反，各个模块之间由于相互联系比较紧密，因而必须在构建时予以相互配合，需要从全局上来考虑模块的构建。

（3）整合

整合的目的在于使组织构建的方案同组织的具体因素相匹配，可以从三个方面来检查这种匹配的程度。

首先，检查组织设计方案同组织战略的匹配程度。组织设计方案是否同组织的发展战略相匹配是整合过程中所需要考虑的首要问题，这种整合被称为基于战略的组织设计整合。组织的各种制度、结构都必须以战略为出发点进行安排，凡是有利于实现其战略的就是合理的，反之则是应当改变的。

其次，检查组织设计方案同组织所处的商业生态环境的匹配程度。组织生存的外部环境千变万化，生存在不同环境中的组织，其所需具备的特征也不相同。这种检查组织特征同环境特征之间匹配性的整合过程称为基于生态的组织设计整合。之所以称为基于生态，是为了突出组织对于外部环境的生态型理解。组织生存在特定的环境中，这种环境正是一种特殊的生态环境，它被称为商业生态系统。

再次，检查组织设计方案同组织类型的匹配程度。不同类型的企业需要不同的组织，这种检查组织特征同组织类型之间匹配程度的过程称为基于类型的组织设计整合。以不同的划分标准为基础，可以对组织做出多种不同的分类。从严格意义上说，按照每一种不同的标准进行分类都会对组织设计产生一定的影响。基于类型的设计整合就是需要在认清这些类型的企业特点的基础上，使组织设计的方案与组织类型特点相匹配，从而最大程度地完善组织设计的方案。

（4）实现

在实现阶段，组织设计的设计师需要重点关注的问题是实现的过程与实现的阻力控制。设计的实现是一项很大的工程，是不同于分析、构建和整合三个阶段的独立操作，需要涉及到组织的各层面与各组成部分。正确的实现步骤能够促使整个设计方案得到顺利的实施，而错误的实现步骤则会将组织设计的实现引入歧途。此外，在组织设计方案的实施过程中，遇到组织内的阻力是普遍存在的现象，而了解组织设计实现的过程，制定详细的实现进度还能有效控制实现过程中所存在的阻力。

在传统的组织管理理论中，完整、科学的组织设计活动经"分析→构建→整合→实现"而最终落定。基于对传统组织管理理论中组织设计研究成果的总结与分析，对组织设计形成了更加体系化的认知，我们将以此为基础，对模块化组织形成展开研究，从而对核心企业产生形成清晰认知。

2. 模块化组织设计主体：核心企业

在传统的组织管理理论中，将承担组织设计工作的群体定义为组织设计师。组织设计师工作的展开通常有三种情况，其一，组织高层宏观领导，外部咨询专家开展设计工作；其二，组织高层宏观领导，组织内部各层次员工代表组成设计团队开展设计工作；其三，组织高层组成战略发展委员会，全程参与，开展设计工作。可以说，在整个组织设计过程中，组织高层因其对组织环境、现状、能力及战略等的综合把握，决定着组织设计的方向与结果，因此，组织高层在组织设计过程中始终处于主导地位，是真正的组织设计师。

模块化组织作为一种新型的组织管理模式，其以跨组织的状态而存在，在对其进行设计的过程中，因所面对的不再是单一的组织，而是一个复杂的组织系统，因此，我们对传统组织理论中组织设计师的概念进行了延伸，将承担模块化组织设计工作的模块定义为系统设计师。与传统组织类似，模块化组织中的系统设计师在模块化组织的整个设计过程中也是始终处于主导地位，基于模块化组织的特点，整个组织系统随即可以划分为主导模块和成员模块两大类组织模块商，故模块化组织中的系统设计师以主导模块的形态而存在。在传统组织中，扮演组织设计师角色的是处于组织主导地位的组织高层，即组织的核心层，因此，在模块化组织中扮演系统设计师角色的主导模块应该在整个组织系统中处于核心层，对于传统组织而言，高层具有惟一性和专有性，即其是整个组织的大脑，且不可替代并只有一个，故模块化组织的核心层也具有惟一性和专有性，我们将模块化组织的核心层定义为核心企业，其在整个组织中处于首脑地位，引领着整个模块化组织的发展。

基于传统组织管理理论，结合模块化组织的特点，通过理论拓展，我们明确了模块化组织的设计主体是系统设计师，其以主导模块的状态存在于模块化组织中，而主导模块就是模块化组织中的核心企业。可以说，模块化组织的形成过程，就是模块化组织中核心企业产生的过程，也正是核心企业的产生，并承担了系统设计师的角色，模块化组织才得以最终形成。

3. 模块化组织形成

在传统组织管理理论中，组织设计师通过组织结构、组织流程、组织职权、组织绩效、组织激励五大模块的设计实现对组织的构建。我们以传统组织理论中组织设计的研究成果为指导，针对模块化组织，作为系统设计师的核心企业也从组织结构、组织流程、组织职权、组织绩效、组织激励五大模块开展设计工作对模块化组织进行构建。

（1）核心企业对组织结构的模块化设计

基于传统的组织结构，对企业进行解构与重新组合，进而形成跨组织的系统架构，是模块化理论应用的一个重要特征。作为系统设计师的核心企业通过对组织结构的模块化设计，使得企业能够有效提升运转效率、应变速度及创新水平。对组织结构的模块化设计，需要从两个层面展开，第一个层面，进行横向组织结构模块化设计（组织各职能单元进行模块化），第二个层面，对纵向组织结构模块化进行设计（组织价值链上各经营单元进行模块化）。横向组织结构模块化设计从表面上看，是对组织原有的职能单元进行分拆与组合，而实际上，则是一种实现企业和市场融合的有效方式，通过对一些非核心职能单元的逐步剥离，运用外包等综合手段实现组织结构横向的模块化，诸如宝钢股份公司所采取的主辅分离方式将一些非核心的职能部门进行分离等。而纵向组织结构模块化设计则是把企业的各种能力基因重新组合成为具有极强市场竞争能力的企业基因组，使企业在隐性知识、资源、产品、顾客和服务等方面更为集中，重新定义或创新企业的商业模式（罗珉，2005）。

　　以传统组织管理理论为指导，我们认为，核心企业对组织结构的模块化设计是指，作为系统设计师的核心企业基于模块化组织形成后运营的总体发展战略目标、愿景、使命及整个组织内外部资源、环境条件，对整个组织的结构展开规划、建造与创新等动态的过程。假如我们将传统的组织设计比喻成建造房子，组织结构模块化的设计则是建设一个社区，而在整个社区的建设过程中，总建筑师既要充分考虑每栋房子的外观、功能、结构等，又要着眼于整个社区的协调、布局。

　　从整个设计过程分析，组织结构模块化的设计同传统组织管理理论中的组织设计存在同一性，即以业务目标为基础，经项目分析与过程分析，明晰组织业务流程以及流程各环节间的相互关系。并以此为基础，对组织价值链进行解构，使得实体企业间或者大型组织内的生产经营链式结构被分割为相互独立的功能模块，致使原来存于组织内部一体化的运作工作由各独立的成员模块承担并实现协调运作。在整个设计工作中，需要明确模块化组织所能够囊括的各具体成员模块及数量、组织横向职能关系、组织纵向成员模块及细分模块间紧密度和架构关系等。成员模块是一个独立实体，成员模块的运行效率会对模块化组织运行的系统效率形成直接影响。因此，组织结构模块化的设计工作，除对组织价值链进行解构外，一项非常重要的任务，是确定各模块间的关联方式，即各成员模块间的结构关系，并通过制定内部规则对各成员模块进行规范与约束，促使模块化组织内松散耦合的关系结构更加紧密与系统，以确保成员模块的运行效率及有效性符合模块化组织的整体系统要求。我们将这种内部规则定义为检验标准，即明确各成员模块相对于模块化组织整体所需具备的适用条件，可以说，内部规则的制定并实现制度化是组织结构模块化能够最终实现并达到预期效果的非常重要的保障性措施（如图 3.2）。

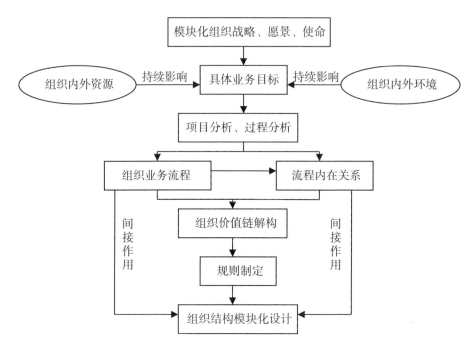

图 3.2　组织结构模块化设计框架

　　基于以上分析，可以明确，对于组织结构模块化设计工作而言，其关键内容在于两大块，即成员模块的划分与内部规则的制定①。对于模块化组织，其成员模块的划分，既要能够符合专业化生产和创新等要求，又不能因划分太细致使成员模块太小进而产生不经济的状况。因此，成员模块的划分应该遵循成本效益最优的原则，即成员模块的细分程度需要充分考虑其细分后对于整个组织系统所新增的价值能否对冲所产生的成本。从成员模块的划分过程分析，分割的程度越深，成员模块会越小，进而使得整个组织系统内部的不确定性增强、复杂性增大，分割成本越高，交易成本更大。此外，伴随成员模块分割程度的不断加深，各成员模块在协作、创新等各方面所能够覆盖的影响范围不断缩小，整个组织的收益也随之趋于下降。可以说，在对成员模块划分的过程中，边际成本持续增加，而边际收益则持续降低。因此，成员模块划分的最优点应该处于边际成本同边际收益相等的地方（如图 3.3），该点的取值在一定程度上会被交易成本所影响②。如图 3.3，当 TC 提升至

---

① 关于内部规则的研究，我们将在本节"4. 模块化组织规则制定"中展开。

② 对成员模块划分方式的分析为国家自然基金研究团队的集体研究成果。

TC2、GC 则提升至 GC2 时，成员模块划分最优点则从（C0，D0）移至（C2，D2）[①]。此外，在对成员模块进行划分的过程中，应该充分考虑到不同成员模块承担功能和任务的差异性，从兼顾完整性与独立性上进行综合考虑。

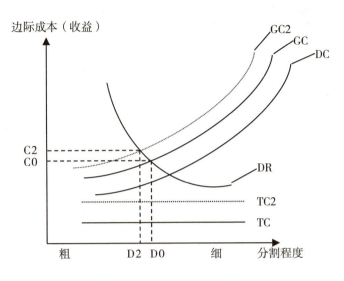

图 3.3 成员模块分割边际曲线

TC：边际交易成本；DC：边际分割成本；GC：总边际成本；DR：边际分割收益；

（C0，D0）：TC 条件下成员模块划分最优点。

（2）核心企业对组织流程的模块化设计

伴随企业生产技术的持续改进和管理模式的不断优化，企业组织流程从较为单一的、分散的简单流程逐步发展到多元的、综合的一体化流程。对组织流程进行模块化设计，就是要对企业原有流程进行彻底打破，将企业一体化组织流程进行分解与重构，进而使得原有各组成部分相互紧密衔接的流程转变为各组成部分既能够实现生产运营上的有效链接又能够进行独立运转的流程模块。作为系统设计师的核心企业通过对组织流程的模块化设计，使其放弃了将上、下游的业务活动一体化地集成于自身的做法，实现了自身的业务聚焦化或业务归核化（罗珉，2005）。在企业组织实际运营过程中，萨缪尔森针对性指出，20 世纪 80 年代以来，在西方国家的一些大型企业的业务组合

---

① 此处的"最优"指的是理论上的最优，在实际的成员模块划分中，由于存在诸如环境的不确定、市场的不确定及成员模块隐藏信息的存在等诸多因素，难以实现理论上的最优。因此，此处出现最优的概念主要是因为理论研究的需要。

出现了明显的缩减，企业运营聚焦于其核心业务已经逐步成为一种发展的趋势，其实质是企业传统一体化流程解体的过程以及组织流程逐渐模块化的过程。通过对组织传统一体化流程的解构，将其非核心业务实现模块化外包，进而使得企业能够将资源与能力集中于其关键的核心业务上。组织流程的模块化设计，一方面是伴随着生产技术与产品的模块化趋势而出现，另一方面其能够有力地推动组织结构、组织职权、组织绩效和组织激励实现模块化。对组织流程进行模块化设计的结果有两大块，其一，组织演变为流程模块的集群，其二，核心同非核心的组织二元格局形成，核心企业是整个模块化组织的主导，具有对成员企业（以成员模块方式存在）绝对的选择权。

组织流程模块化的设计工作是在组织结构模块化的条件下展开，通过组织结构的模块化设计，将组织价值链划分为各成员模块，每个成员模块必然至少存在一项细分的业务工作，每一种业务工作实际上就是一种业务流程模块，对组织流程的模块化设计，就是对各细分业务的流程模块进行整合与重组，一方面使得成员模块的内部流程进一步得到完善，另一方面有效解决成员模块间流程联接的问题。

同组织结构的模块化设计一样，组织流程的模块化设计也是一项极为复杂、系统的工作，从横向上分析，要有效处理各成员模块在业务上的协作，以促使各成员模块的业务流程模块实现合理整合；从纵向上分析，要消除各业务流程中所存在的多余环节，并实时调整问题环节，进而，最终实现业务环节的有序组合，并形成各个具体的流程模块。

模块化组织流程是一个具有开放性和层次性的系统，其强调的是跨企业的业务协作。同时，基于顾客需求、竞争状况等外部环境的变化与模块化组织内在的竞合机制的要求，模块化组织流程应该具有动态演化和持续改进的特点。因此，在核心企业对组织流程进行模块化的设计中，要确保通过模块化分割、基于业务关系的关联界面设计后所形成的流程具有一定的柔性，能够根据外部环境的变化及自身的动态要求，对处于流程各环节上的成员模块进行快速、有效的调整、优化与重构。此外，在组织流程模块化设计中，一个需要重点关注的问题是协调问题，该问题的有效解决除了在流程设计中充分考虑到模块衔接的柔性外，还需重点开展的工作，是内部规则的设计，我们将这种内部规则定义为界面协议，即从规则上明确各模块间相互联接的有效方式和联接实现所需要具备的条件，也就是说，对各模块间接口的标准进行定义并制度化，进而实现对各模块运行过程中的整体协调，保障组织流程经模块化设计后，实现系统整体运营的"组合价值放大"（各模块流程整合为一体化流程后实现整体大于部分的价值效应），提升模块化组织整体运行的效率与有效性。可以说，组织流程经模块化设计，从表面上看，其使得各流程模块被分割且相互之间形成了相对的独立性，但是，从实质上看，各流程模块间的联系仍然存在，只是存在方式内化到组织内部规则中，内部规则在明确界定流程模块间如何形成协作关系的同时，也对流程模块间相互协同的方式进行了定义，即使得流程模块间的联系聚焦于联接界面上，通过界面协议，形成流程模块间的知识、信息等的流动与共享。

（3）核心企业对组织职权的模块化设计

组织职权的模块化设计是组织结构与组织流程模块化能否有效实现的重要保障，同时，组织结构与组织流程模块化的设计工作也必然会引导组织职权模块化设计工作的展开。在传统的组织中，职权的设计是在组织内部实现职权的合理分配与控制，而在模块化组织中，职权的设计则是聚焦在组织的外部，是伴随着组织归核化的进程，在逐渐剥离非核心业务的同时，为确保剥离的业务既能够实现独立的运作又能够实现对组织核心业务的协同，将原本聚焦于组织内部的职权进行相应的放权处理。职权从组织内部向外部转移，是为了适应组织由传统边界清晰的形态向基于组织价值链所形成的边界模糊的众多组织模块以松散耦合方式形成模块化组织的整体性需要，是为了确保生产运营和研发等活动的有效性而展开的权力配置。此外，所转移的职权，是处理非核心业务的全部权力，是一种永久性的权力转移。可以说，组织职权的模块化设计，实际上就是组织职权的放权化设计，即核心企业根据组织结构和组织流程的模块化设计对成员企业（以成员模块方式存在）进行权力的分配，成员企业基于所授予的权力能够独立进行事物处理和制定业务发展战略等。组织职权的模块化设计，有效提升了模块化组织的灵活性与应对风险时的处理能力。

模块化组织中，经组织职权的放权化设计，一方面，核心企业的权力在一定程度上被削弱，另一方面成员企业的内部权力会逐渐得到强化，使之演变为具有半自律性的决策主体。从核心企业与成员企业间职权架构的关系及相互的作用方式来分析，核心企业不再具有对成员企业的绝对性行政职权，但核心企业也没有放弃对成员企业实际的控制，而是通过内部规则的制定对成员企业的生产运营实施影响，尤其对成员企业职权结构的影响。此外，成员企业则在组织内部规则的作用下，进行战略设计、职权设计等工作。可以说，组织职权的模块化，就是模块化组织为了有效实现组织内部及跨企业边界的市场化运作，而使用的以内部规则为基础的部分决策权与执行权由核心企业下放给成员企业的行为模式。组织放权是为了有效实现市场化运作，所以组织放权的行为必须基于内部规则而展开，在组织职权的模块化过程中，如果缺少了内部规则的规范与约束，组织所下放的权力将失去控制，必然会违背模块化组织进行职权设计的初衷，直接影响其市场化运作与内在协作的水平。

将内部规则的制定引入组织职权模块化的过程中，以内部规则作为联接各职权模块关系的纽带，具有非常重要的意义。内部规则的制定，使得模块化组织的职权架构在很大程度上超越了产权、委托代理等理论中对职权的约束与限制，模块化组织利用内部规则构建出职权放权的结构，能够有效规避存在于独立企业中的较为僵化的行政指挥模式，促进成员企业间的沟通、协调等工作更为高效。此外，在组织职权模块化的设计中，作为系统设计师的核心企业需要重点明确，对成员企业的放权是动态的行为，即对成员企业所授予的职权需要根据内部规则展开动态的调整。在模块化组织内存在着内部竞争的机制，核心企业与成员企业的协作是相对稳定的，但并不是永久性的，是基于内部规则展开的合作，因此，在成员企业符合内部规则要求，嵌入在整个模块化组织内部生产流程中时，成员企业才能具有由核心企业所授予的与其职能、任务相应的职权，否则，成员企业会被核心企业剔除出该模块化组织，其所拥有的职权也会随之失去。

（4）核心企业对组织绩效的模块化设计

当模块化组织运行难以达到成员模块的预期目标时，会造成组织整体的绩效水平低下，使得组织整体经济收益减少，进而形成成员模块实际收益的降低，会直接对模块化组织的稳定性产生不利影响。组织整体绩效可能存在的风险往往来源于外部环境与内部成员模块两大主要因素。外部环境可能造成的绩效风险是一种系统风险，模块化组织通过对生产过程专业化分工与一体化集成，在一定程度上能够有效降低外部环境对组织成员模块的影响，但对其并不能完全消除。组织外部环境的动态演变仍然会致使组织整体绩效水平的低下，诸如未能及时满足顾客需求、研发成果滞后等等。而内部成员模块可能造成的绩效风险主要源自于成员模块能力风险和协作风险。对于成员模块能力风险，其在模块化组织形成之初几乎是不存在，因为独立企业之所以能够成为一个模块化组织的成员模块，是由于其经核心企业测试与筛选后认为符合组织整体生产运营的需求，能够提供组织所需要的生产与服务工作，但是，在外部环境的推动下，随着组织整体的演化，各成员模块的学习能力与适应能力等的差异性会日益突显，造成成员模块各自在成长速度上的明显不同，而成长较为滞后的成员模块显然会因难以同组织要求相匹配使得组织建立初期相对稳定的内部结构被打破，引发组织整体绩效的下降，诸如成员模块在某项产品设计环节能力不足而导致产品的品质降低；成员模块难以适应新技术的发展与突破而致使生产成本持续增高；等等。此外，对于成员模块协作风险，可能产生的主要原因在于成员模块间的能力难以实现有效匹配或者成员模块的合作关系难以实现有效维护与管理，该风险出现的根源可能在于核心企业在组织整合协调机制设计上的失误。

基于模块化组织绩效风险的存在，作为系统设计师的核心企业对组织绩效展开模块化设计就显得尤为必要。通过确定组织整体的绩效水平，诸如创新绩效（Hagedoom，Cloodt，2003）、生产绩效、关系绩效（Chwo，Joseph，2006）、收益绩效等，明确组织整体的运营要求，进而根据成员企业（以成员模块方式存在）所承担的专业化工作将整体目标进行分解，并对成员企业实现其子绩效目标的能力进行动态监控，以确保整体绩效目标能够顺利实现。此外，为确保组织整体绩效水平，核心企业还需设计两大绩效管理机制，即外部风险控制机制和内部风险管理机制，外部风险控制机制通过对外部环境的实时监控，及时获取市场新的知识、信息和需求，并对组织整体绩效目标进行动态调整以确保外部环境同组织绩效目标的匹配性，致力于组织绩效系统风险的持续降低，而内部风险管理机制则一方面通过对成员企业成长性的动态监控，及时对成员企业进行调整与重新整合以确保组织整体运行的有效性，另一方面则通过契约与非契约相结合的双重手段对组织进行治理，以降低成员企业产生机会主义行为的风险，保障成员企业间有效协作的持续性。

（5）核心企业对组织激励的模块化设计

在模块化组织中，由于其松散耦合的特性以及"隐藏信息"的存在，在某种程度上会形成成员模块产生机会主义的风险。因此，组织激励的模块化设计对于增强并稳定核心企业与成员企业（以成员模块方式存在）以及成员企业间的协作关系，进而保障模块化组织运行的持续有效有着重要的支持性作用。组织激励的模块化设计强调通过内部规则的制定，对成员模块的具体行为发挥约束作用，引导组织资源整体合理配置的有效实现。对于核心企业而言，虽然其有选择并剔除成员企业的权力，但其并不具有直接操纵成员企业实际行为的权力，故当成员企业被选择成为组织的组成部分后，在其对组织规则及内部合作持久性等方面的认识与判断同核心企业出现不一致时，其逆向选择与道德风险等行为的出现应该难以规避。对于成员企业而言，其机会主义行为的出现，往往是其认为自身利益在组织中遭受不公平对待，或者通过对组织规则的单方面解读认为合作难以持续，或者发现了组织中存在因信息不对称而能够获取额外利益的机会。基于模块化组织中机会主义行为可能产生的原因分析，我们认为，为了尽可能地规避组织系统的失灵，组织激励的模块化设计既要着重于事前行为的有效规制，又要针对性展开事中的及时控制，并充分考虑到事后具体的补救措施。基于此，并在充分考虑到模块化组织内在功能及运行目标的条件下①，我们认为，组织激励的模块化设计需要从五个方面展开，即选择激励机制、资源共享机制、利益协调机制、创新激励机制和惩罚淘汰机制（如图3.4）。

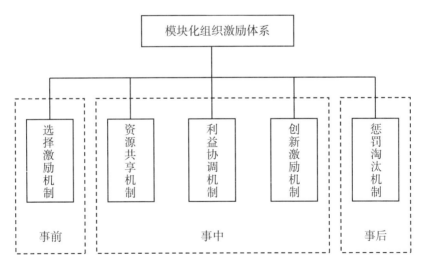

图 3.4　模块化组织激励体系设计

①　激励的实质，基于目标导向，使得激励对象产生有利于组织目标的行为动机并按照组织所需要的方向行动。激励的目标，通过具体的激励手段，充分调动激励对象的积极性，有效兼顾合作双方的共同利益，消除由于信息不对称和败德行为带来的风险（龙怡，2007）。

　　选择激励机制是模块化组织展开事前行为规制的重要激励性方式。核心企业通过制定检验标准和界面协议，对市场上所存在的众多潜在成员模块进行筛选，因此，成员企业为了能够成为组织的成员以获取因相对持续的稳定合作所带来的可持续的利益，必然会致力于对自身"隐藏信息"持续挖潜，从而使得其自身能力不断增强，推动了模块化组织整体竞争力的提升。核心企业能够较为自由地选择其所信任的成员企业，这种选择权有力地促进了具有相同功能的成员企业间的竞争力度，从根本上确保了组织总是由最具有适应能力和创新能力的成员企业构成（李晓慧，2008）。成员企业的竞争反过来也使得核心企业持续提升自身能力以确保能够对各生产环节有效集成进而持续巩固自身核心地位。从而，核心企业和成员企业形成了一种双向作用的良性循环，推动了模块化组织的持续发展。

　　资源共享机制是维持模块化组织有序运行的重要激励性办法。核心企业在模块化组织中发挥领导和协调的作用，通过资源共享机制的建设，能够对组织中成员企业的能力要素进行有效配置，支持成员企业间逐渐实现关键资源的共享，并通过内部沟通渠道的建设，在一定程度上，逐步实现信息、技术、知识、品牌等的共享，进而持续提高成员企业间的相互信任度，不断增强成员企业间的协作能力，致使模块化组织的凝聚力、创造力、竞争力得到有力提升。

　　利益协调机制是模块化组织进行事中控制的重要激励性举措。在众多可能引发成员企业产生违规行为的原因中，最为本质的也是最易引发分歧的，是组织内部利益的冲突或不均衡。在组织中，当利益的冲突或不均衡现象出现，而核心企业又没有采取有针对性的解决措施时，这种现象会快速的升级，引发成员企业的不安，并促使其采用非正常的行为，最终导致整个模块化组织进入巨大的震荡中，组织运行的有效性被严重破坏。同时，成员企业的这种行为往往会引发出"鲶鱼效应"，造成越来越多的成员企业参与到这种破坏性的行动中，对整个组织可能造成致命的不良影响。因此，利益协调机制的建设尤为重要。利益协调机制的目标是使得组织所有成员能够在公平、合理、有序的合作与竞争环境中实现价值创造与利益共享。

　　创新激励机制是提升模块化组织整体竞争力的重要激励性模式。在模块化组织中，核心企业对成员企业的优化选择促进了成员企业间"背对背"的竞争，有效激励了成员企业的创新力度，开发出符合界面标准和市场绩效的

产品，以保持自身在模块化组织中的地位（李晓慧，2008）。通过创新激励机制的建设，使得成员企业在争取同其他成员企业合作创新的机会，或者争取核心企业基于新产品或新技术要求所提供的新的合作机会等方面，展开激烈的"背对背"的创新竞争。基于此，我们假设，一个新的合作机会只有两个成员企业展开竞争并明确只有一个成员企业胜出。在此条件下，通过对政治锦标赛模型（周黎安，2004）进行扩展，构建了创新锦标赛模型（李恒，2006），并用来对创新激励展开分析。设想在一个创新博弈中，核心企业决定对成员企业 A 和成员企业 B 的创新成果进行评估，创新成果价值较高者将获得新的合作机会。两个成员企业的创新成果价值用 V_i（Value）表示，V_i 的大小不仅同自身在创新活动中的努力程度 E_i（Effort）有关，而且还同竞争对手的努力程度 E_j 有关，即 $V_i = E_i + \eta E_j + \varepsilon_i$（$i \neq j$）。该假设以青木昌彦（2000）[①] 经研究提出的论断为基础，努力弹性较小时，成员企业自身的努力程度将对其创新成果价值形成决定性影响。每次博弈完成前，核心企业难以观察到成员企业的创新努力程度 E_i，但核心企业能够按照对每轮创新所创造价值预期的标准来对 V_i 进行判断。成员企业能够清楚自身的创新努力程度 E_i，但并不清楚竞争对手的创新努力程度 E_j（E_j 对自身的创新成果价值 V_i 具有溢出效应），其中 η 表示成员企业 B 的创新努力程度对于成员企业 A 的创新成果价值所具有的边际影响（由于边际影响的切实存在，故 $\eta \neq 0$；通常竞争对手的创新努力程度对于自身最终创新成果价值的影响会小于其自身创新努力程度对其创新成果价值的影响，故不妨合理化假设 $|\eta| < 1$），ε_i 作为随机干扰因素（ε_i 和 ε_j 相互独立，不妨再做合理化假设 $\varepsilon_i - \varepsilon_j$ 服从一个对称分布 F[②]）。当成员企业 A 的创新成果价值大于成员企业 B 的创新成果价值，即 $V_i > V_j$，成员企业 A 将取得核心企业所提供的合作机会，其所获得的效用以 U（Utility）表示（U 是正值），而成员企业 B 则被淘汰，其创新努力的付出将成为沉没成本，将其效用以 u 表示（u 是负值）。故成员企业 A 从创新竞争中胜出的概率为 $P_r(V_i > V_j) = P_r[E_i + \eta E_j + \varepsilon_i - (E_j + \eta E_i + \varepsilon_j) > 0]$，即 $P_r(V_i > V_j) = F[(1-\eta)(E_i - E_j)]$，则成员企业 A 效用函数 $U_i(E_i, E_j) = F[(1-\eta)(E_i - E_j)]U + \{1 - F[(1-\eta)(E_i - E_j)]\}u - C(E_i)$。基于实现成员企业 A 效用的最大化，其一阶条件是 $(1-\eta)f[(1-\eta)(E_i$

---

① 青木昌彦（2000）认为，创新企业通过努力创造出的总价值会远远高于其边际价值。

② 期望值是 0，且独立、相同对称分布。

- E_j)〕（$U - u$）= C'（E_i），其中，f（x）为 F 密度函数，如果处于对称性的纳什均衡条件下，该条件演变为（$1 - \eta$）f（0）（$U - u$）= C'（E_i）。通过对一阶条件的观察，我们发现，若 η 越小，则其对成员企业 A 创新激励的作用越大，反之，则越小。因此，当成员企业 B 创新努力程度对于成员企业 A 的创新激励溢出效应处于较小的水平时，将会对成员企业 A 的创新活动产生较强的激励效果。在以上模型中，只有一方能够获得新的合作机会，故博弈双方都会尽最大限度的降低对于竞争对手所存在溢出效应，进而取得竞争中的有利地位。在不考虑成员企业采用非正常行为的情况下，我们认为，成员企业通过竞争获取新的合作机会的方法只有不断加强自身创新努力的程度，并对创新活动的相关信息进行有效保密。

惩罚淘汰机制是模块化组织采取事后补救措施的重要激励性手段。惩罚淘汰机制是以上几种激励机制的重要保障，是整个组织激励设计的重要组成部分，主要针对三大问题：其一是少数的成员企业因利益驱使所产生的非正常行为，其二是少数成员企业难以完成核心企业所分配的任务，其三是少数成员企业因自身能力的下降致使其难以同其他成员企业间展开诸如研发、生产等方面的协作。因此，惩罚淘汰机制的主要内容，一方面着眼于组织系统所存在的因信息不对称而可能引发的机会主义行为的规避，另一方面明确成员企业被除名的具体要求和标准。惩罚淘汰机制通过负激励的方式，期望既对成员企业的行为进行引导与风险规避，又促进成员企业不断提升自身能力以同核心企业及其他成员企业的协作要求相匹配。

4. 模块化组织规则制定

模块化组织的产生是基于新经济时代背景下组织战略的调整，使得组织逐渐放弃传统一体化、多元化的经营战略，并向业务专业化与归核化转变。组织战略的调整引发了对组织结构、组织流程、组织职权、组织绩效和组织激励的模块化设计，致使组织架构进入重构阶段，进而创建了一种基于模块化的全新生产平台。在平台内，通过组织价值链解构的实现，增强了组织在应对动态的综合环境时的处理能力，同时，引入了市场机制对内部生产协调施加影响，进而在对外生性交易成本进行有效控制的条件下，实现组织内部治理与协调成本的逐渐降低。

在以上整个模块化组织形成及生产平台运行的过程中，必须制定相应的规则，才能有效保障模块化组织重构及生产运行预期目标的顺利实现。关于规则制定对于模块化组织形成及运行的关键性作用在对组织结构、组织流程、组织职权、组织绩效、组织激励的模块化设计中已经展开了详尽的研究，可以说，内部规则对于模块化组织能够实现其预期功能和目标而言，具有决定性的影响。在模块化组织的规则制定中，一方面，通过允许成员模块存在"隐藏信息"以保持其相对的独立性，另一方面，通过制定内部规则以对整个组织的构建与运转行为进行引导与协调。在"隐藏信息"的条件下，成员模块只有不断提升其内部的运营能力和创新能力，以确保其对模块化组织相关要求与任务分配的匹配性，否则，其将会被模块化组织淘汰，即被核心企业剔除出模块化组织。核心企业作为内部规则的制定者，决定了整个组织能否实现高效运行，其基于外部环境的知识、信息、需求等因素，通过对组织生产运营过程的整体控制，确保了整个组织运转的效率与有效性。

（1）主导规则

模块化组织的形成与运行，依托于组织结构、组织流程、组织职权、组织绩效、组织激励的模块化设计，而组织结构、组织流程、组织职权、组织绩效、组织激励模块化设计工作的有效展开与成果保障又是以内部规则为中心。可以说，在以松散耦合的形态为组织特点的模块化组织中，规则发挥着纽带的作用，核心企业与成员企业（以成员模块方式存在）间以及成员企业间并不存在强制性行政职权，规则成为保障模块化组织有效运行的一种核心机制。规则作为一种保障组织运行的机制，并非指某种单个规则，而是系列规则的大集合，其中，主导规则占据领导地位，是整个组织构建与运行的主导机制，也是其他为保障组织运行所制定的具体事务性规则①的前提与基础。主导规则明确了模块化组织中所存在的非对称性关系（以主导模块方式存在的核心企业与以成员模块方式存在的成员企业），其确定了成员模块要想成为组织的组成部分所需要具备的具体功能和性能（检验标准）和各模块间展开协调与协同的运作方式（界面协议）。我们认为，主导规则决定了组织整体规则体系的制定，进而直接决定了组织的运行。

模块化系统的构建需要主导规则，主导规则能够避免各组件冲突的产生，

---

① 事务性规则，即模块化组织的各项具体内部管理制度，其以主导规则的制定为基础和前提，并在主导规则的指导下制定。事务性规则主要是针对模块化组织运行过程中具体的事项，诸如对成员模块职权如何控制与管理、内部绩效管理制度如何制定、采取哪些合理的激励措施或方案等。当前，事务性规则的操作相对较为容易，即有什么问题制定什么对策，处于应用级的管理制度集合，因此，在本文中不对事务性规则展开探讨，仅针对处于规则体系核心的主导规则展开研究。

此外，即使组件间还是产生了冲突，但是其冲突的影响范围不会对整个组织系统形成扼杀，主导规则的科学、合理能够促使模块化组织中众多组件的有效协调（Baldwin，Clark，2000）。在产业模块化的背景下，产业内部逐渐产生了主导企业与追随企业并实现了相互间的共生，主导规则作为"显性信息"实现了对整个产业模块运行过程的主导。而产品模块化也同样需要在事先制定主导规则，进而引导产品模块进行有效整合，实现"即插即用"的价值特性。作为在产业模块化与产品模块化推动下产生的模块化组织，主导规则毋庸置疑必然扮演着确保组织实现运行效率和有效性的协调者的角色。此外，在模块化组织中，主导规则除了发挥协调的功能外，其更加是一种对组织内部行为进行有效约束的方式，即成为模块化组织一员的重要前提是对主导规则的遵守，一旦出现违反主导规则的情况，即刻被核心企业剔除出组织。

在模块化组织中，主导规则的制定权始终被核心企业所掌握。为确保模块化组织运行效率与有效性，核心企业需要在对成员模块进行选择、明确成员模块间相互作用与整合关系等方面进行合理、有效的规制。基于此，我们认为，主导规则主要应包括筛选规则与联动规则两大块内容。筛选规则用以指导核心企业对众多可能的成员模块进行测试、调试与选择，其通过制定以成员模块功能和性能为主要内容的适用条件（检验标准）对各模块进入组织的可能性进行明确。联动规则则是强调组织运作的协同性，其通过明确模块接口的标准以确保组织运行的协同效果（界面协议）。

在筛选规则中，明确了成员模块的选择标准，即核心企业以选择最优成员企业为目标所制定的关于成员模块在性能、功能、兼容性等方面的具体要求。同时，模块化组织中，各成员模块在关联方式上体现出松散耦合的特点，可以说，联动规则的主要功能是引导组织内成员模块间的融合与协调，而能够实现这一功能则以成员模块接口标准的设计为基础。接口指的是成员模块间的联结点，比如一些大型设备元器件间的串行和并行接口。对接口进行标准化，有效提升了成员模块的"即插即用"性，使得模块间有效协作成为了可能。接口标准通常包括技术标准、工艺标准、型号标准等，不符合标准的模块，相互间将难以实现有效联接。此外，基于接口标准，在模块化组织内会形成一种关联界面。所谓界面，即组织间各结点的相互关系及相互协调，更为准确地说，界面是组织间各结点有效协调的一种具体方式，具有可操作性与辨析性的特点（Wren，1967），故我们可以将界面理解为通过标准化接口联接所形成的成员模块间的作用方式，诸如成员企业间合作模式、交易渠道等。基于此，我们将联动规则定义为，通过对成员模块间接口的标准化设计，在关联界面上保障成员模块间有效联接，进而确保组织运行内在协调与协同的规则体系。

（2）"隐藏信息"

与"显性信息"的内部规则相对应的是"隐藏信息"，内部规则实现了模块化组织运行的系统性，而"隐藏信息"则有效保障了成员模块在"显性信息"约束下运行的独立性。通过"隐藏信息"，成员模块一方面能够形成相互间竞争性的创新氛围，有力地推动创新活动的进程，另一方面，"隐藏信息"导致企业能够打破传统组织行政命令式的管理模式，使得成员模块能够对变化做出快速反应，有力地提升了模块化组织在应对环境不确定时的处理能力。

为了更好的对"隐藏信息"进行理解，我们从两个角度展开分析，其一，主导规则通过对成员模块功能与性能等的确定，进而界定了成员模块"隐藏信息"的具体内容和范围，其二，"隐藏信息"催生了成员模块间的协作需求，即成员模块间通过联接接口，在关联界面上基于各自功能与性能等的差异性进行对接，实现相互的协调与协同。

5. 模块化组织整体性架构

模块化组织中核心企业的实际产生，是在多种驱动因素作用下，模块化组织整体设计的结果，可以说，正是在核心企业的主导下，模块化组织得以最终形成。而模块化组织的形成，使得核心企业得以实际产生，故核心企业产生的过程就是模块化组织形成的过程，反之，模块化组织形成的过程即是核心企业产生的过程。

基于以上研究，我们构建了模块化组织的整体性架构（如图3.5），对模块化组织的产生过程及影响因素形成较为系统的认知，进而形成了对模块化组织内部二元结构的认识。

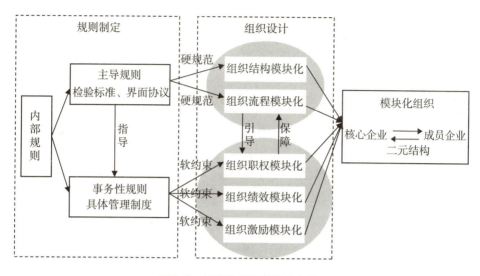

图 3.5　模块化组织整体性架构

　　模块化组织经组织结构、组织流程、组织职权、组织绩效、组织激励的模块化设计，形成了模块化组织的整体性架构。但是，模块化组织最终的形成并有效运行，必须依托于内部规则的制定与完善。可以说，内部规则对于模块化组织形成的重要作用贯穿于模块化组织设计始终，是模块化组织能够最终形成至关重要的保障。基于模块化组织整体性架构五个模块的功能与特点，可以将其划分为两大类别：组织结构和组织流程的模块化设计，直接形成了组织比较刚性的结构框架，可以形象的将其比喻为人体的"骨骼"，故我们将这两类归结为硬设计，而在硬设计的过程中，从设计的展开到设计的实现，都需要主导规则的指导并依赖主导规则对结构框架进行固定，因此，我们将主导规则对于组织结构、组织流程模块化的作用概括为硬规范；组织职权、组织绩效和组织激励的模块化设计，都是属于应用层面的问题，是以刚性的结构框架为引导，为确保有效实现其预期功能和目标而展开的具有支撑性的具体操作层面的设计工作，可以形象的将其比喻为人体的"血肉"，故我们将这三类归结为软设计，而在软设计的过程中，都需要依托具体的、针对性的、策略性的事务性规则为指导，进而由事务性规则确保其设计内容能够有效落地、实施，因此，我们将事务性规则对于组织职权、组织绩效和组织激励模块化的作用概括为软约束。

　　通过规则制定，使得模块化组织能够有效实现其预期的功能和目标，保障其运行的系统性以及效率和有效性。可以说，模块化组织的形成是从规则制定与组织设计两个维度展开，规则制定对组织设计具有重要的引导作用，反之，组织设计所遇到的实际问题与情境又会反作用于规则制定，影响着规则制定的主要内容。应该说，规则制定与组织设计是作用与反作用的相互影响、相互依存的关系。同时，在规则制定内部，主导规则直接指导事务性规则的制定。在组织设计内部，组织结构模块化是组织流程模块化的基础和前提，而组织结构、组织流程的模块化又直接引导组织职权、组织绩效和组织激励模块化工作的展开，此外，组织职权、组织绩效和组织激励的模块化又是组织结构、组织流程模块化实现的重要保障。因此，在规则制定与组织设计内部，其具体的工作内容也始终处于一个相互影响的状态。总而言之，经规则制定和组织设计两个维度工作的系统展开，模块化组织得以产生，其内在的核心企业与成员企业的二元结构得以形成。

3.3.2 核心企业产生所需核心能力要素识别

模块化组织中核心企业实际产生的过程，也就是模块化组织形成的过程。在模块化组织中核心企业产生阶段，对于核心企业而言，其工作内容包括了实现组织结构模块化、组织流程模块化、组织职权模块化、组织绩效模块化、组织激励模块化与制定组织规则等。

基于此，通过借鉴内容分析法，以核心企业产生阶段的主要任务为分析对象，识别出其核心能力要素。如表3.1。

表3.1 模块化组织中核心企业产生所需核心能力要素的分析表

核心企业产生工作	主要工作内容分析	核心能力要素提炼
组织结构模块化	·组织职能单元分解与重组 ·组织经营单元分解与重组 ·各成员模块间结构关系确定	设计能力、整合能力
组织流程模块化	·核心业务与非核心业务分解与重组 ·各成员模块业务功能确定 ·各成员模块业务协作方式确定	设计能力、整合能力
组织职权模块化	·组织职权分配与分解 ·组织职权放权与控制	协调能力、治理能力
组织绩效模块化	·组织绩效目标分解与监控 ·外部风险控制机制构建 ·内部风险管理机制构建	协调能力、治理能力

核心企业产生工作	主要工作内容分析	核心能力要素提炼
组织激励模块化	·选择激励机制构建 ·资源共享机制构建 ·利益协调机制构建 ·创新激励机制构建 ·惩罚淘汰机制构建	协调能力、治理能力、学习能力、创新能力
组织规则制定	·主导规则制定 ·事务性规则制定	设计能力、整合能力

　　针对组织结构模块化，其主要工作内容在于对组织职能单元、经营单元的分解与重组，并通过规则确定各成员模块间结构关系。基于组织职能单元、经营单元的分解，使得核心企业需要具备设计能力，而基于组织职能单元、经营单元的重组以及规则制定，则要求核心企业需要具备整合能力。因此，可以提炼出核心企业所需核心能力要素为组织设计能力与组织整合能力。

　　针对组织流程模块化，其主要工作内容在于对组织核心业务与非核心业务进行分解，并通过确定分解后各成员模块业务功能与协作方式，实现各模块间业务流程的有效对接与协作。基于组织核心业务与非核心业务的分解，使得核心企业需要具备设计能力，而基于各模块间业务流程的对接与协作，则要求核心企业需要具备整合能力。因此，可以提炼出核心企业所需核心能力要素为组织设计能力与组织整合能力。

　　针对组织职权模块化，其主要工作内容在于对组织职权进行分配、转移，并对所转移的职权进行控制。可以说，组织职权分配、转移的目的是为了使得各成员模块的独立性能够有效发挥，进而实现模块间的有效协调，故组织协调能力是核心企业实现该任务所需要具备的能力要素，而对所转移的组织职权进行控制则是为了保障组织始终处于一种有序运行的状态，故组织治理能力是核心企业基于该项工作所需具备的另一个核心能力要素。

　　针对组织绩效模块化，其主要工作内容在于组织绩效目标的统一管理，以及内外部环境动态监控。组织绩效目标的统一管理是为了致力于组织内各模块实现生产运营的协调，而对内外部环境的动态监控，则充分体现了核心企业对组织持续有效的治理功能。基于此，协调能力与治理能力为核心企业完成该项工作所需具备的核心能力要素。

针对组织激励模块化，其主要工作内容在于一系列激励机制的构建，以保障组织运行的有效性。基于选择激励机制，可以分解出组织治理能力要素，而资源共享机制，可以分解出组织协调能力、学习能力、治理能力要素，利益协调机制则可以分解出协调能力、治理能力要素，创新激励机制也可分解出学习能力、创新能力要素，最后惩罚淘汰机制能够分解出治理能力要素。

针对组织规则制定，其主要工作内容在于主导规则与事务性规则的制定。通过对模块化组织中核心企业产生的分析，能够清晰的获悉，组织规则的制定贯穿于核心企业在该阶段其他所有的工作中。可以说，对于模块化组织最终的形成并有效运行，内部规则的制定与完善发挥了决定性作用，其保障了组织设计工作能够有效实施，且确保了组织运行过程中各模块间能够实现有效地整合。因此，设计能力与整合能力是核心企业在进行规则制定过程中所需要具备的核心能力要素。

通过对模块化组织中核心企业产生的分析工作①，可以明确，组织职权模块化、组织绩效模块化与组织激励模块化是在组织结构模块化与组织流程模块化的引导下展开，且组织职权模块化、组织绩效模块化与组织激励模块化也是对组织结构模块化与组织流程模块化的保障，而组织结构模块化与组织流程模块化工作的展开都是建立在对组织价值链深度分析的基础上。因此，我们可以确定，在核心企业产生阶段，其最为主要的任务之一，是通过基于对组织价值链的功能性分析从组织结构、组织流程、组织职权、组织绩效、组织激励五个方面展开模块化设计进而形成模块化组织的整体架构。此外，基于组织规则在该阶段对于模块化组织的决定性意义，我们可以确定，在该阶段，核心企业的另一块主要任务，即通过内部规则的制定（主导规则与事务性规则），一方面对整个模块化组织设计工作形成制度保障进而确保模块化组织得以最终形成，另一方面对组织内成员模块具体行为的规制与引导进而确保组织资源实现跨边界优化配置，以实现组织价值整合的发展目标并产生巨大的组织整合效应。

通过对模块化组织中核心企业产生阶段主要任务的分析与梳理，可以识别出，在该阶段，核心企业所需具备的关键核心能力要素是组织设计能力与

---

① 详见 3.3.1 中"模块化组织整体性架构"。

组织整合能力，辅助核心能力要素是组织协调能力、组织治理能力、组织学习能力与组织创新能力。

3.4　基于核心企业运行的内容分析

通过对模块化组织中核心企业产生的内容分析，我们明晰了模块化组织形成的过程，并通过理论推演，初步识别了核心企业在此阶段所需要具备的核心能力要素。基于此，我们展开了对模块化组织中核心企业运行的内容分析，以致力于识别核心企业所需要具备的其他核心能力要素。

对于模块化组织中核心企业而言，其既是整个模块化组织的系统设计师，又是整个模块化组织的主导模块，故其实际运行并非传统管理学意义上的仅限于企业自身的运行，而是以其为主导的整个模块化组织的运行，可以说，模块化组织中核心企业的实际运行体现为整个模块化组织的运行状态。对于任何组织而言，其运行状态往往是其核心能力功能的体现，模块化组织显然也不例外，核心企业具有哪些核心能力，这些核心能力功能的发挥，形成了模块化组织运行的结果，因此，我们通过对模块化组织运行状态的内容分析，有助于深入探究并有效识别出模块化组织中核心企业所需要具备的核心能力要素。

3.4.1　核心企业运行分析

1. 模块化组织中核心企业运行目标

在对模块化组织运行分析前，先明确模块化组织中核心企业运行的目标，使得我们能够对模块化组织的运行方向形成清晰认知，进而，引导我们对模块化组织中核心企业运行分析的展开。对于模块化组织的运行，郝斌（2008）提出，价值扩散、价值引导和价值整合三种价值运作模式贯穿于模块化组织生产运营的全过程。所谓价值扩散，主要指模块化组织通过对组织价值链的分拆，使得成员模块能够成为组织价值网络的重要组成部分，扩展了组织价值的覆盖范围。而价值引导，则主要指在模块化组织中，成员模块在研发、生产等领域的具体工作都是在核心企业的引导下展开，进而基于核心企业的引导，参与到整个组织价值创造的过程中。价值整合，即价值网络的各模块经核心企业引导后实现有效集成，进而产生造成整合价值放大的效应。可以说，价值扩展一方面使得模块化组织发现了更多的价值主体，另一方面则能够对价值主体实现持续挖潜，而价值主体的扩展与内在价值的提升，必然需要一个处于组织主导地位的核心企业基于价值主体协调与匹配的需求进行引导，而经引导后，最终期望获得的结果是各价值主体的有效整合，在整体价值最大化的前提下实现自身价值的最优值，故价值扩展是价值引导的前提，而价值引导则促使价值整合的实现。因此，价值整合是价值扩展与价值引导的最终目标，通过有效整合模块化组织分散于各成员模块中的知识、信息、技术等价值要素（或资源要素），实现组织内价值要素跨边界配置，进而实现组织内价值要素的协同。基于此，我们认为，模块化组织中核心企业运行的目标是通过对存在于组织内的资源进行跨边界优化配置，以形成模块化组织的价值整合。

关于价值整合概念，最早是由卡拉科塔和罗宾森提出（Kalakota，Robinson，2001），其认为价值整合是引导并持续激励组织获得成长的关键方法。在此基础上，艾克维尔（Ekwere，2002）将价值整合用于对消费行为的分析，并通过研究，认为对消费行为的积极引导，价值整合是一种有效的措施。可以说，价值整合是一种复杂的系统整合工程，其可结构化分解为利益整合、目标整合及文化整合（李永胜，2006），并基于三大块的整合，进而构建出一种高效价值提升的机制。在这种价值提升机制中，利益整合是基础。因此，模块化组织能否实现有序运行，在某种程度上也建立在利益整合上，即需要清晰地明确模块化组织中各模块（以主导模块方式存在的核心企业与以成员模块方式存在的成员企业）利益的契合点，有效规避模块化组织中利益冲突的产生。在模块化组织的内部，其利益冲突在某种程度上体现为两大类别。

① 整体与个体间的利益冲突。首先是从组织规则的要求上，由于组织内各成员模块间地位的差异性，致使规则对整体和个体的要求存在明显的不同，其次从组织内的利益协作上，可以说，整体和个体在某种程度上难以达成一致。

② 组织与顾客间的利益冲突。这种利益冲突在某种程度上体现为，在追求生产者剩余和消费者剩余时，组织与顾客难以规避利益分割的问题（任浩，郝斌，2009）。

对于目标整合而言，其在价值提升机制中处于核心地位，在组织资源的有效整合及其价值实现上，匹配、协同的价值目标具有非常重要的保障性作用。在模块化组织中，一方面，需要明确并设计相应措施，以实现处于主导地位的核心企业的战略目标与处于从属地位的成员企业的短期目标之间的有效协调，另一方面，还需要对组织外部顾客日益差异化、多元化和个性化的效用目标及其需求予以持续、重点的关注。此外，作为价值整合灵魂的文化整合，对于价值整合的实现也同样具有至关重要的影响。就组织价值的实现而言，其关键点在于组织以及利益相关方能够对组织整体的行为进行自愿、自觉地选择与肯定，并在组织共有行为的实施过程中有效实现整体价值的提升。当组织文化在组织内部实现了共同认可和一致协同，模块化组织将因为各利益主体具体行为的有效协调而更加有利于实现组织的价值整合。因此，模块化组织中核心企业以价值整合目标为牵引，一方面，模块化组织在生产、研发等各具体环节上导入具有整体性的共同价值观，致力于组织共同的价值思维能够有效贯穿于模块化组织生产运营的全过程，另一方面，模块化组织通过内部协作的持续增强，能够有力地推动组织整体价值链和顾客价值链之间的有效整合。

2. 模块化组织中核心企业运行过程

对于模块化组织而言，处于主导地位的核心企业，在组织中始终扮演着系统设计师的角色，不仅承担着组织内主导规则、事务性规则①设计与制定的关键任务，而且还必须具备对整个组织价值链实施模块化分解与集成的能力。模块化组织中的主导规则，主要包括检验标准和界面协议②，检验标准对模块的功能和性能所应该具备的相对于模块化组织整体的适用性条件进行了明确的界定，而界面协议则对模块之间接口的标准进行了定义，以提升模块即插即用的特性。就主导规则的作用而言，其以"显性信息"的方式存在于模块化组织的整个运行过程中，对组织行为进行了有效的规范，并有力地推动了

---

① 事务性规则，即模块化组织的各项具体内部管理制度，其以主导规则的制定为基础和前提，并在主导规则的指导下制定。事务性规则主要是针对模块化组织运行过程中具体的事项，诸如对成员企业职权如何控制与管理、内部绩效管理制度如何制定、采取哪些合理的激励措施或方案等。当前，事务性规则的操作相对较为容易，即有什么问题制定什么对策，处于应用级的管理制度集合，因此，在本文中不对事务性规则展开探讨，仅针对处于规则体系核心的主导规则展开研究。

② 有关模块化组织中主导规则的实质性内容，理论界探讨的并不多，只有小部分学者对主导规则的相关问题进行了初步探究，但并未针对该问题展开深入的分析。在此，我们通过对现有研究成果的总结与提炼，对主导规则进行了结构化，将其划分为检验标准和界面协议，在本文3.3中组织结构模块化设计和组织流程模块化设计以及规则制定部分已进行了初步说明。这种处理方式是为了对主导规则进行分析的需要。此外，对于系统、客观的认知主导规则而言，该处理办法不存在实质性影响。

模块化组织内部的相互协调，而且同"隐藏信息"共同催生出组织内部独特的竞争创新机制（Baldwin，Clark，2000）。竞争创新相对于传统意义上的合作创新而言，其更加强调一种激励创新能够持续产生的效果，是一种淘汰式的激励模式，可以说，在很大程度上，能够激发出模块化组织内各成员企业（以成员模块方式存在）的创新潜能。在模块化组织中，经核心企业对组织价值链拆分后所形成的专业化分工，以及各成员企业所存在的相对独立的特性，是各成员企业能够实现持续创新的内在保障，同时，模块化组织中背靠背竞争的运转方式则成为各成员企业实现创新的原始驱动力。

作为系统设计师，处于主导地位的核心企业，还需要对整个组织价值链进行分解，以及对分解后的各成员模块实行模块化的集成。核心企业通过分解行为，大量成员模块得以生成，在此基础上，核心企业对各成员模块间的关系模式进行了设计，进而形成整个模块化组织的内在关系架构。对于核心企业的拆分行为，其能否取得预期效果，往往会取决于其对组织整体协同的专一性（其决定了组织整体实现模块化的程度），以及投入、需求的多样性（Schilling，Steensma，2001）（其影响着在模块化设计过程中所需针对的实践创新和需求创新）和契约治理的有效性（其对模块化组织运行的有效性存在直接影响）等的准确把握。此外，基于模块化组织中核心企业运行目标（价值整合）的视角，核心企业在组织中既扮演着知识传递者的角色，同时也承担着知识创造者的任务。通过对模块化组织内部知识及相关信息的整合，核心企业能够有效促使知识及相关信息产生协同效应，进而推动组织价值整合目标的有效实现。

为了形成对模块化组织中核心企业运行过程更加清晰的认识，我们在此就核心企业对组织整体价值链的分解与集成做进一步探讨。伴随着组织整体价值链的分解，组织的生产活动呈现出模块化的状态，组织随即也被分拆为由具有不同功能的模块所组成的集合。在组织生产活动进行模块化分解的过程中，基于生产产品的特性，其生产活动可划分为两大块，即提供专用部件的生产模块和通用部件的生产模块，故模块化组织中属于从属地位的成员企业随即划分为专用模块供应商和通用模块供应商。

经核心企业对组织价值链的分解，专用模块供应商和通用模块供应商两大类成员企业得以产生。伴随着两大类成员企业的出现，其各自所生产的专用模块和通用模块随即供应给核心企业，核心企业则开始展开第二阶段的工作，即模块集成，与此相伴随，成员企业间开始整合。整个模块集成的过程，可以划分为三个主要步骤。

第一步，核心企业对所供应的模块进行测试、调试，整个过程虽然被青木昌彦（2003）界定为存在"允许的浪费"，但同时，该过程也创造了在模块选择中的选择价值（郝斌，任浩，2008）。郝斌（2008）提出了选择价值的概念。选择价值强调通过要素组合的选择提高产品或服务价值，在数值上应该等于选择新的要素组合后的产品价值与产品原有价值的差额。

第二步，核心企业将选定的模块整合到模块化组织架构中，形成相对稳定的模块化组织结构。在模块整合的过程中，核心企业是基于对市场知识、信息及需求的结构化分解，对各成员模块以功能为核心进行整合，进而促使整合后的组织实现高效和有效的运行。

第三步，核心企业对模块化组织架构展开持续优化。核心企业对模块整合的过程，是以对市场知识、信息及需求的结构化分解为基础的。当市场知识、信息及需求发生变动时，核心企业会及时对其进行分解并反馈到模块化组织内部，一方面通过将分解后的市场知识、信息及需求直接传递给对应的成员企业，使得成员企业对其生产经营以及研发策略进行快速调整，另一方面新的市场知识、信息及需求将使核心企业重新思考已经构建的模块化组织架构，以明确是否需要进行战略调整、重新设计主导规则等问题。一旦出现成员企业难以根据核心企业所传递的市场知识、信息及需求在要求的界限内进行调整和核心企业对组织战略做出重大调整两种情况，模块化组织架构相对稳定的状态将会被打破，核心企业需要对模块进行重新的测试与整合，形成模块化组织架构持续优化的动态模式。

3. 模块化组织中核心企业运行理论模型

在明确了模块化组织中核心企业运行目标的前提下，基于对模块化组织中核心企业产生所展开的研究，我们对模块化组织中核心企业运行的过程进行了剖析，并基于此，我们构建出模块化组织中核心企业运行的理论模型，进而形成对模块化组织中核心企业运行的整体性认识（如图3.6）。

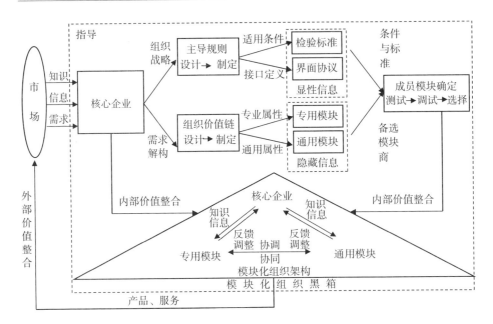

图 3.6　模块化组织中核心企业运行理论模型

黑箱理论提供了一种对于某些内部结构比较复杂且难以进行分解的系统进行分析的研究方法。所谓"黑箱"，被理论界定义为那些既不能打开，又不能从外部直接观察其内部状态，只能通过信息的输入、输出来确定其结构和参数的系统。在现代经济学中，占主导地位的新古典经济学派一直将企业看作一个"黑箱"，即企业是一个与消费者处于同等地位的，在市场和技术的约束下追求利润最大化的基本分析单位。企业从市场上吸收、获取财物资源、物质资源、人力资源和信息资源等，经内部配置和加工，将其转化为新的产品或服务，并将其提供给市场。企业内部资源配置和加工的过程是外界难以获悉且结构复杂的，故企业以"黑箱"的状态存在于市场中。

基于"技术模块化→产品模块化→产业模块化→组织模块化"的模块化演进历程，企业组织形态发生了重大的变化，从传统边界清晰、完全独立的市场主体逐渐转变成边界模糊、半独立的市场状态并嵌入在一个更大的组织体系中，承担着局部的生产职能，这种以内部松散的耦合方式（Schilling，2001）为主要特点形成的更大的组织体系，就是模块化组织。可以说，经过企业组织形态的演变，模块化组织成为一个整体边界相对清晰、整体相对独立的市场主体①。因此，我们对新古典经济学派关于"企业黑箱"的理论进行了一定的扩展与发展，将模块化组织定义成一个更大的"组织黑箱"并存在于市场中，其从市场获取知识、信息和需求，经核心企业的结构化分析，进而展开任务分配与模块集成，并形成提供给市场的产品或服务。其中，模块化组织内部分析、分配与集成等过程是外界难以获悉且结构复杂的，所以，我们认为，在市场中，模块化组织以"黑箱"的状态而存在。

在模块化组织核心企业运行的初始阶段，核心企业从市场获悉知识、信息和需求，并展开结构化分析，进而确定模块化组织的整体发展战略并对市场需求进行基于功能专业化分工的解构。在组织整体战略的指导下，核心企业制定了整个组织的主导规则，主导规则明确了各成员模块需要具备的基本条件，即检验标准，以及各成员模块展开相互协作需要具备的硬件接口，即界面协议。主导规则是以"显性信息"的状态存在于模块化组织中，对各成员模块进行明确的规范。此外，核心企业在对市场知识、信息和需求等解构的基础上，对整个组织的价值链进行分解，整个分解过程以功能专业化分工为引导，以实现组织整体价值整合为目标。经组织价值链的分解，基于产品或服务所具备的专业属性和通用属性，将成员模块拆分为专用模块和通用模块，其以半自律子系统的形态存在于整个组织中，故各成员模块内部的生产、研发等活动，相对于整个组织而言，以"隐藏信息"的方式而存在。

模块化组织中核心企业的整个运行过程，价值整合的目标贯穿于始终。在成员模块经核心企业测试、调试并选择确定后，模块化组织进入到内部价值整合的阶段，并形成核心企业、专用模块、通用模块相互作用的相对稳定的"三角"关系结构，可以说，"三角"关系结构在很大程度上形成了对模块化组织中核心企业、成员企业所构成的二元结构的深化，对成员企业基于其所提供产品或服务的功能性进行了更深层次的细分，因此，"三角"关系结构是对二元结构的发展。"三角"关系结构形成后，核心企业将分解后的市场知识、信息及需求，针对性传递给专用模块和通用模块，专用模块和通用模块在接受传递内容后，需要做出应急反应，对其生产、研发等进行及时调整，使得其经营活动符合组织系统的要求，此外，在成员模块间，即专用模块和

---

① 在此，引入"相对"的概念，主要是因为模块化组织内在结构是一种松散耦合的状态，这种组织结构并不是刚性的，是能够根据市场的变动进行动态调整的。因而，模块化组织是一种组织结构相对稳定的体系。

通用模块间，因"隐藏信息"的存在，故其相互间在"显性信息"的规则协调下，在生产的各环节展开协调、协同工作对于确保模块化组织整体运行的有效性和效率就显得非常重要。模块化组织通过内部价值整合，使得内部的关系结构进入相对稳定的状态，并促使内部协作水平的持续提升，进而能够快速生产出符合市场要求的产品或服务并提供给市场，有力的推动组织的外部价值整合，即生产价值链与顾客价值链的整合。在内部价值整合和外部价值整合的共同作用下，模块化组织能够保障价值整合目标的实现，并能够对组织整体价值的不断加强形成持续支撑。在此，需要重点指出，当市场知识、信息和需求等发生变动，则如上节"模块集成的第三步"，模块化组织相对稳定的内在结构会被打破，重新进入内部价值整合的循环过程。基于模块化组织内部价值整合的循环特点以及其促使外部价值整合的结果现实，我们可以将模块化组织价值整合活动形象的描述为一种"螺旋式上升"的状态。此外，基于价值整合所形成的模块化组织内在架构也呈现出一种动态的相对稳定。

3.4.2　核心企业运行所需核心能力要素识别

模块化组织中核心企业的实际运行，充分体现为以其为主导的整个模块化组织的运行状态，而模块化组织的运行状态则是模块化组织中核心企业核心能力功能的体现。在模块化组织中核心企业运行阶段，基于模块化组织中核心企业运行理论模型①，可以获悉核心企业的主要工作内容包括了通过获取存在于成员模块内的"隐藏信息"实现组织内资源有效整合；基于动态市场，通过持续创新以保障组织所提供的产品、服务符合市场要求，实现内外部价值整合；基于组织价值链分解，通过对成员模块的功能性分析，将成员模块进一步细分，并实现相对稳定的"三角"关系结构；以主导规则作为显性信息，对组织内进行持续的治理。

基于此，通过借鉴内容分析法，以核心企业运行阶段的主要任务为分析对象，识别出其核心能力要素。如表3.2。

---

① 详见"3.4.1 模块化组织中核心企业运行理论模型"。

表 3.2　模块化组织中核心企业运行所需核心能力要素分析表

核心企业运行工作	主要工作内容分析	核心能力要素提炼
"隐藏信息"整合	· "隐藏信息"获取与吸收 · "隐藏信息"共享	学习能力
内外部价值整合	· 市场知识、信息、需求动态分解 · 持续创新满足市场动态要求	创新能力
成员模块协作	· 各成员模块功能性定位 · 各成员模块功能性匹配	协调能力
主导规则治理	· 各成员模块条件与标准 · 各成员模块行为控制	治理能力

　　基于对模块化组织中核心企业运行的分析，明确了其主要工作内容。以此为基础，可以进一步获悉核心企业在该阶段的主要任务，即其一，对存在于组织网络中的信息、知识等资源要素，尤其是成员企业的"隐藏信息"进行获取与吸收，使得核心企业能够基于组织价值整合的目标对资源进行跨边界的优化配置；其二，由于模块化组织激发创新的特性，故通过建立竞争创新机制（Baldwin，Clark，2000），引导成员企业创新锦标赛（李恒，2006）的有效展开，持续激发成员企业的创新潜能；其三，对成员企业具体行为动态监控，对出现偏差的企业行为即时纠正，以保障成员企业间形成持续协作关系，保持组织整体高绩效水平；其四，进行组织内声誉、信任等非契约机制建设，并结合契约机制对组织内成员企业进行有效管理，一方面通过双重管理手段及严厉的惩治措施尽量规避成员企业产生机会主义行为的风险，另一方面将可能的机会主义行为对组织的不利影响限定在一定范围。

　　因此，通过理论推演，针对核心企业的第一块主要任务，可以识别出核心企业所需要具备的第一个核心能力要素，我们将其界定为组织学习能力；针对核心企业的第二块主要任务，可以识别出核心企业所需要具备的第二个核心能力要素，我们将其界定为组织创新能力；基于第三块主要任务，可以识别出核心企业所需要具备的第三个核心能力要素，我们将其界定为组织协调能力；在第四块主要任务的基础上，能够识别出核心企业所需要具备的第四个核心能力要素，我们将其界定为组织治理能力。

通过对模块化组织中核心企业运行阶段主要任务的分析与梳理，可以识别出，在该阶段，核心企业所需具备的关键核心能力要素是组织学习能力、组织创新能力、组织协调能力与组织治理能力。

3.5 本章小结

模块化组织中核心企业的核心能力是基于模块化组织整体架构的一种外部的管理能力，是一系列能力要素的集合。这种能力相对于模块化组织中其他成员企业而言具有明显的异质性。正是具备了这种能力，核心企业才能够成为核心企业，模块化组织也才能够出现并有效运行。而对模块化组织中核心企业产生与运行展开研究，则是对整个核心企业核心能力体系进行研究的基石。基于此，本章借鉴内容分析法，通过对核心企业在产生与运行两个阶段所需承担主要任务的分析，通过理论推演，对核心企业核心能力要素进行了有效识别。

首先，在明确模块化组织是一种特殊企业间关系网络的前提下，通过对网络理论的梳理，并以此为研究理论指导，对模块化组织中核心企业主导地位生成展开分析，明确了其因为占据了组织网络中心性位置从而致使了其主导地位的形成。基于此，确定了模块化组织中核心企业主导地位的实质是一种企业间影响力，并以企业间影响力建立与维持为研究落脚点，对核心企业核心能力展开了探索，将核心企业核心能力定义为模块化组织能力。

其次，借鉴内容分析法，通过对模块化组织环境的分析，识别出核心企业所需具备的核心素质要素为行业影响力、创新能力、市场地位、商业信誉、协调能力等。

再次，通过对模块化组织中核心企业产生阶段的分析，获悉了其实际产生，是在多种驱动因素作用下，模块化组织整体设计的结果，并清晰的认识到，核心企业实际产生的过程，也就是模块化组织形成的过程，核心企业的产生依存于模块化组织，而模块化组织则需由核心企业构建。基于传统组织设计理论，对模块化组织形成过程展开分析，确定了模块化组织设计主体是核心企业，明确了核心企业通过组织结构模块化设计、组织流程模块化设计、组织职权模块化设计、组织绩效模块化设计和组织激励模块化设计五大块工作的开展，并通过组织规则的制定，进而形成了模块化组织整体性架构，模块化组织得以最终形成，而依存于模块化组织的组织主导者核心企业也得以实际产生。此外，借鉴内容分析法，通过对模块化组织中核心企业实际产生，即模块化组织形成的分析，明确了核心企业在该阶段的两大主要任务，进而，有效识别出其所需具备的关键核心能力要素为组织设计能力与组织整合能力。

最后，通过对模块化组织中核心企业实际运行的研究，明确了其运行目标是实现整个模块化组织的价值整合，并在对模块化组织中核心企业运行过程深入分析的基础上，构建了模块化组织中核心企业运行理论模型，从而形成了对模块化组织中核心企业运行的整体性认识。此外，借鉴内容分析法，基于模块化组织所呈现的运行状态，获悉了核心企业核心能力的功能，明确了核心企业在该阶段的四大主要任务，进而，有效识别出其所需具备的关键核心能力要素为组织学习能力、组织创新能力、组织协调能力与组织治理能力。

第4章　模块化组织中核心企业核心能力体系概念模型①

在上一章中，通过对模块化组织中核心企业主导地位的分析，对核心企业核心能力进行了探索，将其界定为由系列模块化组织能力所形成的能力体系。此外，通过对模块化组织中核心企业产生的内容分析，使得我们形成了对核心企业产生的系统认识，明确了核心企业在该阶段的主要任务，并识别出两个关键核心能力要素，同时，基于对模块化组织中核心企业运行的内容分析，使得我们对核心企业运行的过程形成了清晰认识，并获悉了核心企业在该阶段的主要任务，进而识别出四个关键核心能力要素。可以说，上一章的研究，一方面，在较大程度上拓展了现有模块化组织的相关理论研究，将模块化组织的研究引向内部，另一方面，六个核心能力要素的识别，为本章的研究打下了坚实的基础。基于此，本章一方面将致力于对核心能力内涵进行更深层次地挖掘，另一方面，通过构建核心企业核心能力体系概念模型，引导下一章实证的展开，以期建立模块化组织中核心企业核心能力体系。

4.1　核心企业核心能力体系内涵与维度

基于对模块化组织中核心企业核心能力概念的界定，并结合模块化组织中核心企业的产生与运行，本章将一方面聚焦于核心企业核心能力内涵的揭示，另一方面，通过对核心企业核心能力要素总结性的系统分析，划分出具体的能力维度。

---

① 本章主要内容在《成都大学学报（社会科学版）》《科技管理研究》等期刊发表。

4.1.1　核心企业核心能力内涵：核心能力定义的深化

在已经展开的对模块化组织中核心企业核心能力概念的界定中，我们明确了核心企业的核心能力是一种具有"网络边界"的企业网络能力，并结合模块化组织的特性，将其界定为模块化组织能力，即核心企业核心能力是由系列模块化组织能力所形成的能力体系，是基于模块化组织的一种外部管理能力，这种能力相对于模块化组织中其他成员企业而言具有明显的异质性。在此基础上，我们结合对模块化组织中核心企业产生、运行的分析，对核心企业核心能力的内涵展开进一步探究。

在对模块化组织中核心企业产生与运行的分析中[1]，我们明确了模块化组织最终的形成并有效运行，必须依托于内部规则的制定与完善。可以说，模块化组织以内部规则为重要协调手段，并注重成员模块接口标准化及功能整体化[2]。因此，核心企业需要致力于基于产品或服务的功能性对组织价值链进行分拆，进而确定对各成员模块展开有效协调的接口标准，故核心企业因此而应具有学习能力以系统熟悉组织价值链、设计能力（Asan，2008）以正确分拆功能模块并建立组织内部规则等。在模块化组织成功构建并进入运行阶段，核心企业的任务重心也随即转变为通过对组织网络资源的跨边界整合，并对组织运行进行有效协调与持续控制，以确保组织发展目标的顺利实现，故核心企业必须具有搜寻、获取、识别、吸收进而整合组织网络中信息、知识等资源要素的能力（Baumann，2008），以及保障组织运行的协调与控制能力，等等。相对于传统企业能力理论核心能力观（Prahalad，Hamel，1990）将企业核心能力界定为企业内部多种技能有效协调累积性学识的观点，模块化组织能力作为核心企业的核心能力显然存在较大的差异性，其更加强调企业间协调与整合，充分体现为一种跨企业边界的持续沟通行为。

基于此，我们对传统企业能力理论核心能力观进行延伸与拓展，进一步将模块化组织能力的内涵界定为通过组织系统设计与规则制定构建模块化组织，并以内部规则为基础协调与控制组织内成员企业具体行为，进而实现组织内资源跨边界优化配置与整合的累积性学识。可以说，模块化组织能力应该具备三个明显特征，其一，其因着眼于组织关系网络协调问题的解决而具

---

① 在第 3 章中进行了系统研究。

② 接口标准化即第 3 章中对检验标准的研究，功能整体化即第 3 章中对界面协议的研究。

备了外部性；其二，其因需根据外部市场环境变化及内部成员企业能力波动对组织进行持续调整而具备了动态性；其三，其因作为核心企业建立与维持企业间领导力的基础并形成了核心企业对组织运行主导地位的保障而具备了主导性。

4.1.2 核心企业核心能力维度划分

企业能力被传统企业能力理论描述为一个多维度的范畴（Prahalad，Hamel，1990），也就是说，企业能力在不同的情景模式下能够展现出不同的能力状态。对于模块化组织能力而言，其是传统企业能力理论在新经济时代背景下发展的结果，因此，其也应具有多个细分维度。模块化组织建构同任何一种组织形态建构一样，都需要经历组织形成与组织运行两个阶段，组织形成从"硬"的方面建立了完整的组织架构，而组织运行则从"软"的方面保障了组织功能在组织目标的引导下有效发挥。

在模块化组织形成阶段，其形成过程实质上也是核心企业的产生过程。基于模块化组织中核心企业产生的内容分析①，可以较为清晰地明确核心企业的主要任务为两大块：其一，基于对组织价值链的功能性分析，从组织结构、组织流程、组织职权、组织绩效、组织激励五个方面展开模块化设计，进而形成模块化组织的整体架构；其二，通过内部规则的制定（主导规则与事务性规则），一方面对整个模块化组织设计工作形成制度保障进而确保模块化组织得以最终形成，另一方面对组织内成员企业具体行为的规制与引导进而确保组织资源实现跨边界优化配置以实现组织价值整合的发展目标，并产生巨大的组织整合效应。基于此，针对核心企业的第一块主要任务，可以细分出模块化组织能力的第一个子能力，即组织设计能力，而着眼于第二块主要任务，则可以细分出在该阶段的另一个子能力，即组织整合能力。可以说，在该阶段，核心企业因具备了组织设计能力与组织整合能力，使得模块化组织在"硬"的方面得以形成，并明确了组织所需成员模块的功能、对接方式、整合结果等，既确定了模块化组织运行的方向，又形成了模块化组织运行的指引，故对于模块化组织而言，具有基础性意义。因此，我们将在该阶段，核心企业所需具备的模块化组织能力定义为一种基础能力，其可细分为组织

---

① "3.3.2 基于模块化组织中核心企业产生的内容分析"。

设计能力与组织整合能力两个量化维度。

　　在模块化组织运行阶段，其运行过程体现为核心企业主导的整个组织的运行状态，基于模块化组织中核心企业运行的内容分析①，可以获悉核心企业的主要任务包括四大块，其一，对存在于组织网络中的信息、知识等资源要素，尤其是成员企业的"隐藏信息"进行获取与吸收，使得核心企业能够基于组织价值整合的目标对资源进行跨边界的优化配置；其二，由于模块化组织激发创新的特性，故通过建立竞争创新机制（Baldwin，Clark，2000），引导成员企业创新锦标赛（李恒，2006）的有效展开，持续激发成员企业的创新潜能；其三，对成员企业具体行为动态监控，对出现偏差的企业行为即时纠正，以保障成员企业间形成持续协作关系，保持组织整体高绩效水平；其四，进行组织内声誉、信任等非契约机制建设，并结合契约机制对组织内成员企业进行有效管理，一方面通过双重管理手段及严厉的惩治措施尽量规避成员企业产生机会主义行为的风险，另一方面将可能的机会主义行为对组织的不利影响限定在一定范围。基于此，针对核心企业的第一块主要任务，可以细分出模块化组织能力在该阶段的第一个子能力，即组织学习能力，而对于第二块主要任务，则可以细分出第二个子能力，即组织创新能力，此外，基于第三块主要任务，能够细分出第三个子能力，即组织协调能力，同时，在第四块主要任务的基础上，能够细分出该阶段最后一个了能力，即组织治理能力。在模块化组织运行阶段，正是因为核心企业具备了组织学习能力与组织创新能力，才使得模块化组织相对于战略联盟、网络组织等其他类型中间组织的独特优势能够充分发挥，即迅速反应与持续创新（郝斌，任浩，Anne-Marie GUERIN，2007），进而保障了模块化组织持续的创造力，可以说，组织学习能力与组织创新能力应该是核心企业所需要具备的具有独特创造性的模块化组织能力，因此，我们将组织学习能力与组织创新能力归纳成一种创造能力。而组织协调能力与组织治理能力则确保了核心企业能够始终主导整个模块化组织运行，进而，我们可以将这两种能力归纳成一种主导能力。

　　基于以上分析，我们将模块化组织能力划分为组织设计能力、组织整合能力、组织学习能力、组织创新能力、组织协调能力与组织治理能力六个维度，并基于功能上的差异性，将其归纳为三个类别，即基础能力、创造能力

---

①　"3.4.2　基于模块化组织中核心企业运行的内容分析"。

与主导能力，进而，初步构建了模块化组织中核心企业核心能力体系，假设1也随即产生。

H1：核心企业核心能力体系由组织设计能力、组织整合能力、组织学习能力、组织创新能力、组织协调能力与组织治理能力构成。

此外，由于模块化组织中核心企业核心能力体系六个维度子能力的提炼，是基于内容分析法，通过对模块化组织形成与运行两个阶段的理论推演而产生，且模块化组织形成与运行两个阶段又构成了模块化组织建构的完整过程，为了更好地验证模块化组织中核心企业核心能力体系对模块化组织的重要影响，故我们引入模块化组织建构变量。通过验证六个维度子能力同模块化组织建构的关系，进而获悉核心企业核心能力体系同模块化组织建构的关系，致力于从两个角度，验证核心企业核心能力体系的科学性。（如图4.1）。

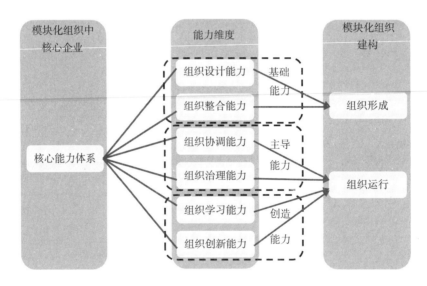

图 4.1　模块化组织中核心企业核心能力体系

4.2　核心企业核心能力体系研究假设与概念模型

4.2.1　研究假设

1. 基础能力的研究假设

对于模块化组织中核心企业而言，基础能力是一种至关重要的模块化组织能力。核心企业正是具备了基础能力，模块化组织才得以形成并进入运行阶段，可以说，基础能力在某种程度上决定了模块化组织的出现，故其必然是其他模块化组织能力的奠基石。对于基础能力，可以进一步将其划分为组织设计能力与组织整合能力两个能力维度。

（1）组织设计能力

所谓设计，往往指基于所期望的发展目标而对现存状态进行改变的一种行动方案。当某种新设计因其价值创造而产生了明显优越性进而替代现有设计时，随之出现的，是新规则体系对现有规则体系的替代。对于模块化组织而言，其独特的运行机制更加强化了组织设计必须是核心企业应该拥有的一种重要能力。核心企业能否获取异质性、战略性资源并将其转化成设计价值的能力，一方面决定了模块化组织能否形成，另一方面则决定了核心企业能否占据组织中的主导地位。组织设计能力是一种基于对组织价值链的系统掌握，对功能环节进行分解并有效识别成员企业，进而使得模块化组织得以形成的累积性学识。可以说，核心企业因具备了组织设计能力，从而能够形成对组织价值链的系统认知，特别是各功能环节间的链接关系和嵌入性知识，并基于此实现对组织价值链的分拆，形成各功能模块，以及对其分层结构及互联结构清晰化，以此为基础，从结构、流程、职权、绩效、激励五个方面构建各功能模块间系统架构关系，并通过设计与制定检验标准与界面协议，确定了各功能模块间的接口标准与界面规则，进而使得模块化组织得以最终形成。由此，我们提出假设 2。

H2：组织设计能力是核心企业的一种基础能力，对模块化组织建构具有正向的显著影响。

（2）组织整合能力

整合同设计不可分割。模块化组织中核心企业基于组织设计能力形成了组织整体的架构框架，但组织完全得以形成，则还依赖于组织能够实现各功能模块的有效整合进而发挥出组织整体的巨大整合效应，以对占据各功能模块的成员企业带来其依靠自身所不能获取的相对持续、相对稳定的超额收益。因此，在模块化组织形成阶段，组织整合能力也是核心企业必不可少的一种模块化组织能力。在模块化组织中，各功能模块的整合过程往往以内部规则为指引，故对于组织整合能力而言，其可以界定为核心企业通过制定内部规则，进而实现对组织内占据各功能模块的成员企业间在技术知识、产品模块或服务模块以及个体目标、文化与利益等方面进行有效整合的一种能力。其中，技术知识整合对核心企业的组织整合能力提出了一个明确要求，即核心企业必须对组织内各成员企业所拥有的技术知识进行系统性认知与宏观准确把握，并在知识属性、结构及发展方向等方面具有较强的洞察力。而产品模块或服务模块的整合则相对较为容易，核心企业通过内部规则的制定明确了各功能模块间的接口标准与界面规则，因而，该整合过程可根据组织内部规则有序、有效展开。此外，对于组织内个体目标、文化与利益等方面的整合，则要求核心企业应该能够通过一种战略性手段对模块化组织有效运行形成保障，并成为维持与提升模块化组织竞争优势的核心力量。由此，我们提出假设3。

H3：组织整合能力是核心企业的另一种基础能力，对模块化组织建构具有正向的显著影响。

2. 主导能力的研究假设

对于模块化组织中核心企业而言，主导能力是支撑其始终占据组织主导地位并主导组织运行的一种重要的模块化组织能力。核心企业正是具备了主导能力，其才能始终以核心企业的状态存在于模块化组织中，可以说，主导能力通过保障核心企业的主导地位进而确保了核心企业核心状态的持续延续。对于主导能力，可以进一步将其划分为组织治理能力与组织协调能力两个能力维度。

（1）组织治理能力

模块化组织产生前，成员企业相互间的关系是一种松散的状态，相互间缺乏一定的约束机制。此时，成员企业实际上只是拥有若干外部关系的一个独立的功能单元。而在模块化组织形成后，其对成员企业间的关系模式进行了界定，并且一方面强调对成员企业内部效率的关注，另一方面更加注重于成员企业间的协作与配合，致力于形成成员企业间的协同效应与联动效应。但是，由于成员企业是具有独立产权的法人实体，这使得在模块化组织的实际运行中，成员企业可能会基于企业间信息不对称等机会因素，产生败德行为（Moral Hazard），进而造成组织中其他成员企业以及组织整体的利益受损，在一定程度上还会造成模块化组织瓦解的风险。因此，为了对成员企业可能的败德行为进行规避与控制，组织治理能力必然成为核心企业需要具备的一种重要的模块化组织能力。

核心企业基于组织治理能力，在模块化组织中着重于建立一种治理机制，即规则治理机制（Langlois，2002），其一方面有利于对组织内各成员企业主观能动性与创新精神最大化发挥的驱动，另一方面又能够使得组织整体的治理成本持续降低，进而使得整个组织在市场竞争中更加具有竞争优势。基于模块化组织规则治理机制，可将其进一步细分为正式治理规则与非正式治理规则。对于正式治理规则，其主要通过契约治理与期权治理具体开展。所谓契约治理，即采取契约形式使得各成员企业逐渐形成一种利益共享、风险共担的共同体状态。而对于期权治理，则是将期权增加在契约的实施过程中，以确保各成员企业能够分享组织整体利益增值所带来的超额收益，并使得其愿意承担组织整体运行过程中可能存在的相应风险，进而引导成员企业的个体目标同组织整体目标逐渐趋于一致。对于非正式治理规则，其主要是通过在组织内基于信任、声誉等非契约机制的建设，致力于形成组织一致的文化，进而通过组织文化的无形纽带作用将各成员企业紧紧链接在一起。

此外，对于模块化组织治理来说，其体现了一种层级结构性，表现在以核心企业为主导的非对称权力结构体系及其治理机制的形成上（郝斌，2010）。因此，核心企业成为了模块化组织治理的主导力量，其所需拥有的组织治理能力基于以上分析也可随即细分为组织正式治理能力和非正式治理能力两部分。基于此，组织治理能力对于模块化组织运行目标能否实现具有重要的影响，核心企业通过组织治理，使得模块化组织内成员企业间能够形成、保持相对稳定的协作关系，并随着模块化组织的发展，这种关系会不断深入，逐渐形成成员企业间的融合，而这种关系的深入，也同样会促进组织资源在各企业间更高效的配置与整合，促进模块化组织的持续成长。由此，我们提出假设 4。

H4：组织治理能力是核心企业的一种主导能力，对模块化组织建构具有正向的显著影响。

（2）组织协调能力

对于模块化组织而言，其内部成员企业间具体行为的协调会直接影响其整体运行的有效性。可是，由于成员企业都是具有独立产权的法人实体，相互间并不存在强制性的行政关系，组织内部结构也处于一种松散耦合的状态，在此背景下，虽然组织整体运行以内部规则为引导展开，但是仍然可能存在两种情况，使得成员企业的行为产生偏差，进而对组织运行产生不利影响。其一，各成员企业所具备的能力是存在差异性的，且其成长速度也是不均衡的，这样往往可能造成，某个成员企业因具备更强的能力一方面对内部规则有着更加系统的认知，另一方面也具有高于其他成员企业的运行效能，从而导致了组织内部企业间关系协调状态的打破；其二，由于"隐藏信息"的存在，基于信息不对称所产生的超额机会收益，仍然会吸引部分成员企业铤而走险，进而也必然会造成组织内部企业间关系协调状态的破坏，进而对组织整体运行产生巨大的不利影响。基于此，对于模块化组织中的核心企业，组织协调能力就显得非常的重要，其因具备了组织协调能力，而使得组织整体运行有效的状态得以维系，进而其主导地位才能持续保持。

组织协调能力是指能够对模块化组织进行系统管理，使得成员企业间能够产生持续的有效协同，进而实现模块化组织相对稳定、良性、有序、高效运行的能力。组织协调能力由两部分组成，一是组织运作能力，指核心企业管理和利用同成员企业关系的能力；二是组织占位能力，指核心企业始终占据组织网络中心性位置的能力。对于组织运作能力而言，其强调深化与各成员企业的关系，在某种程度上，其同"特定关系任务执行能力"（Ritter，1999）类似。芮特尔（Ritter，1999）将"特定关系任务执行"界定为有效管理与控制企业间基于交换活动的一种相互适应与协调的能力。在芮特尔（Ritter，1999）研究的基础上，我们对这种能力展开了进一步探寻，将其划分为三个子维度，其一，核心企业管理链接强度的才能，使核心企业能够建立同成员企业的"强关系"；其二，核心企业管理关系持久度的才能，使核心企业能够维系同成员企业关系的稳定程度，因为关系的不稳定性将会显著地削弱组织的绩效水平（Lorenzoni，Lipparini，1999）；其三，核心企业管理规范异质性的才能，使核心企业通过制定内部规则，持续对成员企业具体行为展开引导，并逐渐建立整体的集体规范与共享价值系统。

而组织占位能力，在一定程度上，同"基于中央性的网络能力"（Hagedoorn，2006）类似，其重点强调核心企业因具备了这种能力，而能够始终占据组织网络中最有价值的位置。无独有偶，摩尔和哈林恩（Moller，Halinen，1999）将其界定为占据组织网络中心且不依赖第三方进行信息等资源要素传递并成为其他企业间信息等资源要素交流与传递枢纽的能力。可以说，核心企业通过运用组织协调能力，能够始终占据组织的主导地位，一方面持续获取互补性知识（Salman，Saives，2005），另一方面有效提升组织内信息传递的准确性（Bell，2005），此外，还能够使得核心企业在组织中的声誉得到不断强化（Powell，1996），并对组织内企业间信任等非契约因素有效培育形成支持（Tsai，Ghoshal，1998）。由此，我们提出假设5。

H5：组织协调能力是核心企业的另一种主导能力，对模块化组织建构具有正向的显著影响。

3. 创造能力的研究假设

对于模块化组织中核心企业而言，创造能力是其能够成为核心企业并使得模块化组织优势得以充分发挥所需要具备的一种模块化组织能力。核心企业只有具备了创造能力，才能够使得模块化组织发挥出相对于战略联盟、网络组织等其他类型中间组织而言，所具备的独特优势，也是其核心理念所在，即迅速反应与持续创新（郝斌，任浩，Anne-Marie GUERIN，2007）。对于创造能力，可以进一步将其划分为组织学习能力与组织创新能力两个能力维度。

（1）组织学习能力

组织学习理论认为学习是一个组织不断适应变化环境的过程（Burgelman，2002）。对于模块化组织而言，各种复杂的企业间关系是企业学习的重要来源，因为组织促进了拥有不同背景和专业的企业间相互接触，在这个过程中，组织内的企业获得了更多的学习机会。模块化组织是基于市场竞争、顾客需要、自身战略、信息技术等，以获取整体竞争优势并实现模块化组织价值整合为目的，形成的一种组织内企业间相对稳定的、合作的、动态的、复杂的关系网络。组织内企业间学习，即企业可以从相互关系中获取知识，进行知识的融合、吸收、共享等，促成创新，实现模块化组织整体绩效持续提升和整体竞争优势持续增强。对于模块化组织中核心企业而言，基于其处于组织中主导者的地位，我们将其所需具备的组织学习能力进一步划分为两个子维度。第一个维度，核心企业需要具备强有力的内部学习能力，内部学习能力是指企业吸收和复制从外部获得新知识的能力（Cohen，Levintha，1990）。核心企业必须有能力吸收输入，并转移这些知识、信息等资源为自己所用（吴海滨，2004），且缺乏学习能力是实现企业间知识转移的一个主要障碍（Szulanski，1996）。第二个维度，核心企业需要具备引导模块化组织内成员企业间相互学习，并促使模块化组织向整体学习型组织逐渐转变的能力。这种能力包括，核心企业通过引导成员企业间多种多样的互动、合作，诱发组织内成员企业间学习动机；核心企业通过打造组织学习平台，为成员企业间学习提供良好的环境支持；核心企业从成员企业间重复交易和资源动态整合切入，创造有利于组织内成员企业间学习的有益条件。基于以上分析，模块化组织中核心企业自身首先需要拥有强有力的学习能力，进而才能够从成员企业获取对其有价值的资源，进而实现其构建模块化组织的初衷；其次，作为模块化组织的主导者，核心企业需要促使组织内成员企业间能够相互学习，进而导致各成员企业能力形成有效互补，并得到螺旋式提升。可以说，模块化组织中核心企业正是拥有了组织学习能力，才促使了存在于组织内的信息、知识等各种资源要素能够实现跨边界的优化配置与整合，使得组织整体效能得以最大化发挥。由此，我们提出假设6。

H6：组织学习能力是核心企业的一种创造能力，对模块化组织建构具有正向的显著影响。

（2）组织创新能力

模块化组织是基于获取整体绩效持续提升和整体竞争优势持续增强而形成的企业集合，而这些功能的实现，显然需要模块化组织能够进行持续的创新。作为模块化组织，其本身就具有强大的创新能力，同时，也能够降低需求不确定性所带来的风险。就组织内成员企业而言，都抛掉了某些非核心的生产环节、过程以及相应的职能部门，这就意味成员企业具有"脚轻易转向"（Lighter on Their Feet）的特点（Powell，Walter，1990），其能够迅速地适应外部市场环境的变化。而在核心企业主导下所形成的企业间跨边界的组织结构，能够克服信息、知识等资源要素流动的障碍，组织的新思想、新知识能够及时转换为盈利产品或服务，保证了创新动力的充足性。并且，在核心企业的引导下，成员企业间按照其核心竞争力互补、优势资源共享的规则，进而形成了一种横向组合的关系模式。这一关系模式为创新的安全性提供了保障，即资源共享、风险共担。对于模块化组织中核心企业而言，其组织创新能力可以被界定为，持续引导成员企业能够系统参与、合作和完成与创新有关各项活动的能力。由此，我们提出假设7。

H7：组织创新能力是核心企业的另一种创造能力，对模块化组织建构具有正向的显著影响。

4.2.2　概念模型构建

根据以上研究及所提出的关于模块化组织中核心企业核心能力体系的七个假设，可以构建出如图4.2所示的概念模型。

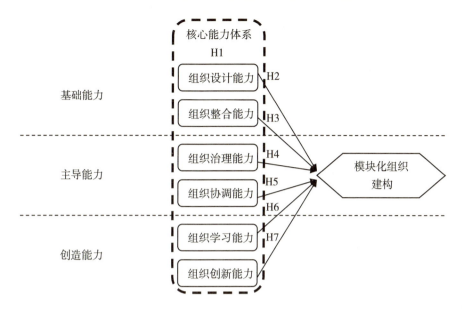

图4.2　模块化组织中核心企业核心能力体系概念模型

4.3　本章小结

本章在对模块化组织中核心企业产生、运行内容分析的基础上，基于所识别的核心企业核心能力要素，将研究聚焦于核心企业核心能力内涵的深层次挖掘，并致力于构建系统的核心企业核心能力体系，使得模块化组织理论能够进一步向深度进行拓展。

首先，基于模块化组织中核心企业产生与运行，对核心企业核心能力展开了进一步探寻，并在一定程度上拓展了传统企业能力理论核心能力观，对核心企业核心能力的内涵实现了更加明确的认识。

其次，结合模块化组织中核心企业产生、运行过程及核心企业处于不同阶段所需承担的主要任务，将核心企业核心能力进一步解构为组织设计能力、组织整合能力、组织治理能力、组织协调能力、组织学习能力与组织创新能力，并基于六个能力维度的特性分析，将其归纳为三个类别，即基础能力、主导能力与创造能力，并通过引入模块化组织建构变量，初步形成了核心企业核心能力体系的整体架构。

最后，通过研究假设的提出，构建了模块化组织中核心企业核心能力体系概念模型，为下一步实证明确了方向。

第5章 模块化组织中核心企业核心能力体系实证^①

在上一章中，通过对模块化组织中核心企业核心能力体系的分析与理论推演，将其划分为六大能力维度，且为了更好地验证核心企业核心能力体系同模块化组织的关系，引入了模块化组织建构变量，并进一步提出了七个研究假设，构建了模块化组织中核心企业核心能力体系概念模型。基于此，本章将通过对已有相关文献的简单梳理，以获取对核心企业核心能力测量的理论依据，并在此基础上进行量表设计，进而展开实证，对七个假设进行验证，致力于建立起模块化组织中核心企业核心能力体系。

5.1 量表设计

5.1.1 核心企业核心能力与模块化组织建构测量理论依据

1. 模块化组织中核心企业核心能力测量理论依据

为了对模块化组织中核心企业核心能力进行定量化测量，我们通过对现有主流文献中相关研究成果的梳理，一方面获取定量化测量的理论依据，另一方面对各能力维度量表设计提供借鉴。基于模块化组织能力是企业网络能力在新的时代背景下发展产物的特性，我们对企业网络能力的相关研究成果展开了进一步分析，并从芮特尔、葛穆登、摩尔、哈林恩和哈格朵恩等（Ritter, 1999、2002；Ritter, Gemunden, 2003；Moller, Halinen, 1999；Hagedoorn, 2006）具有代表性的相关研究中，探寻对模块化组织中核心企业核心能力测量的理论依据。

首先，对芮特尔等学者（Ritter, 1999、2002；Ritter, Gemunden, 2003）

---

① 本章主要内容在《科技管理研究》《科学学与科学技术管理》等期刊发表。

关于企业网络能力的研究成果进行了梳理。芮特尔等学者基于企业网络能力的有效测量，所针对性设计的包括了 22 个题项的量表，对本研究具有较强的指导意义，其从特定关系任务执行、跨关系任务执行、社交资质和专业资质等四维度对企业网络能力展开具体测量，对于特定关系任务执行，从特定关系发起、伙伴间交流、协调三个方面展开测量；对于跨关系任务执行，从计划、组织、人员配备和控制四个方面展开测量；对于社交资质，从企业参与社会交往的频率与水平展开测量；对于专业资质，从企业在自身业务领域所具有的专业技术或技能程度的高低展开测量。基于芮特尔等学者的相关研究，我们获取了其对企业网络能力进行测量的具体量表（见表 5.1）。可以说，在芮特尔等学者对企业网络能力的测量中，特定关系任务执行、社交资质与专业资质侧重于企业管理某种具体关系的能力，而跨关系任务执行则侧重于企业对整个组织网络管理的能力。

表 5.1　芮特尔等学者对企业网络能力测量的量表

特定关系任务执行
·我们能够利用各种具有关系的组织来对潜在合作伙伴进行搜寻
·我们能够通过相关媒介来对潜在合作伙伴进行搜寻
·我们能够通过相关展销会或展览会来对潜在合作伙伴进行搜寻
·我们能够派遣核心人员同合作伙伴保持持续接触
·我们能够派遣我们的人员同合作伙伴的核心人员持续接触
·我们能够同合作伙伴相关人员探讨相互协调的具体方式
跨关系任务执行
·我们能够根据与其他合作伙伴的关系来对任意合作伙伴关系进行评估
·我们能够对任意合作伙伴同其他合作伙伴的关系进行评估
·我们能够向各合作伙伴派遣专职联系人员
·我们对每个专职联系人员明确了具体的任务或责任
·我们会定期召开所有合作伙伴共同参与的会议
社交资质
·向合作伙伴派遣的专职人员善于沟通
·向合作伙伴派遣的专职人员善于交往
·向合作伙伴派遣的专职人员善于谈判
·向合作伙伴派遣的专职人员善于处理冲突
·向合作伙伴派遣的专职人员能够在冲突产生时提出建设性解决对策
·向合作伙伴派遣的专职人员善于理解他人行为
·向合作伙伴派遣的专职人员善于换位思考

专业资质

· 向合作伙伴派遣的专职人员同本企业重要人物具有良好关系

· 向合作伙伴派遣的专职人员对本企业行为规范非常熟悉

· 向合作伙伴派遣的专职人员对合作伙伴行为规范非常熟悉

· 向合作伙伴派遣的专职人员对如何展开同合作伙伴有效交往具有丰富经验

其次，对摩尔和哈林恩（Moller，Halinen，1999）关于企业网络能力分类方法的研究成果进行了整理。摩尔和哈林恩（Moller，Halinen，1999）认为，组织网络应该从四个层面进行系统管理，并将这四个层面界定为四类网络能力，即网络规划、网络管理、组合管理及关系管理四类能力。对于网络规划能力而言，其是一种战略能力，基于该能力，企业能够对其参与网络活动的具体战略定位与指导方针进行确定；对于网络管理能力而言，其主要指企业对其处于网络中位置情况进行管理的能力；对于组合管理能力而言，则更多地侧重于企业对整个组织网络进行管理的能力，涵盖了网络伙伴识别、筛选及协调等方面；对于关系管理能力而言，往往强调企业对各具体合作伙伴关系有效管理的能力。摩尔和哈林恩认为这四类能力具有相等同的重要程度，其相互间是紧密关联的（见表5.2）。摩尔和哈林恩的研究虽然没有进行实证，故没有对企业网络能力测度的量表进行设计，但是，其对企业网络管理过程中所存在的重点事项与主要挑战等的分析，对于本研究中模块化组织中核心企业核心能力测量表设计仍然具有较为重要的参考价值。

表5.2　摩尔和哈林恩的企业网络能力分析架构

管理层次与能力类别	重点事项	主要管理挑战
产业网络：网络规划能力	企业整个价值活动都处于网络结构中，网络形成了企业生存的具体环境。因此，对网络内在规律的把握，是企业参与网络必须要具备的能力要素。在这个阶段，理解网络，尤其是其内在结构、运行过程和演变趋势等，是企业网络管理关键所在。	对网络所蕴涵发展机会如何识别与获取？对网络演变趋势如何准确评估？如何构建以自身为中心的网络架构？

管理层次与能力类别	重点事项	主要管理挑战
成员企业：网络管理能力	基于企业所处网络位置及角色对其战略行为展开分析。企业网络位置由各种综合交错的关系所形成，对其进行有效识别、评估，进而构建与维系网络位置与网络关系的能力，是这个阶段企业网络管理关键所在。	对网络关系如何有效培育与持续管理？对网络位置如何进行动态管理？对网络位置如何通过能力提升向有利地位漂移？
关系组合：组合管理能力	企业是系列资源与活动有机组合的产物。对于企业而言，哪些活动在其内部展开，而哪些活动应该基于外部关系展开，是一个核心战略问题。在这个阶段，选择何种组合方式对不同的关系进行管理，是企业网络管理关键所在。	针对网络中存在程度差异的各种企业间关系，如何培育和建立一种有效的关系管理体系？对不同的企业间关系组合如何进行分析与判断？
关系交互：关系管理能力	针对网络中的各种关系模式，基于外部市场环境变化与内部合作伙伴能力波动，创建、维系、管理及终止某些关系的能力，是这个阶段企业网络管理关键所在。	对某种具体关系的价值如何准确评估？对丧失价值的关系如何终止？对新培育的关系如何创建？

最后，对哈格朵恩（Hagedoorn，2006）关于企业网络能力分类与测量的研究进行了分析。哈格朵恩（Hagedoorn，2006）从社会网络理论切入，着重于强调企业所处网络位置对其参与网络活动的主要影响，并基于此，将企业网络能力划分为基于效率和基于中央性两类不同的企业网络能力，所谓基于效率的网络能力，主要指企业删除冗余链接关系进而提升整体组织网络效能的能力，而基于中央性的网络能力，则主要指企业占据通往各合作伙伴最短路径位置的能力。此外，哈格朵恩采取了数学图论方法对这两类企业网络能力进行测量，但由于数据获取难度较大，在实践中难以操作，对本研究仅仅限于借鉴作用。

2. 模块化组织建构测量理论依据

模块化组织建构包括了模块化组织形成与运行两个阶段，故我们对模块化组织建构的测量工作也应从这两个方面开展。基于此，我们从模块化组织形成与运行两个方面对当前模块化组织理论的实证研究成果进行了梳理，以获取对其进行定量化测量的理论依据。

通过对当前模块化组织理论实证研究现状的梳理，可以发现，只有少数学者展开了实证研究，总体上呈现出一种探索性的研究状态。邬尔任（Worren，2002）基于模块化组织的内涵，从组织结构与组织流程两个维度对模块化组织进行了测量。而悌瓦纳（Tiwana，2008）则通过设计组织松散耦合性、整合与模块化、标准界面规范、顾客定制化、相互依赖关系和子系统间相互作用六个题项展开了模块化组织的测量，通过分析，不难发现，该测量在实质上依然是基于模块化组织内涵而展开。可以说，以上学者的实证研究更多地是针对模块化组织形成阶段而展开。此外，斯其林（Schilling，2001）将模块化设定为因变量，从组织运行的角度，通过契约制造、联盟结构和可替换员工三个维度，对模块化组织进行了测量，故所展开的研究更多地是针对模块化组织运行阶段而进行。应该说，模块化组织现有实证研究成果虽并不丰富和成熟，但对本研究关于模块化组织建构测量工作的展开仍然具有较大的理论指导与借鉴作用。

5.1.2 核心企业核心能力与模块化组织建构测量量表

模块化组织中核心企业的研究，可以说，是当前组织领域研究的新课题，国内外直接针对其的研究成果相对比较匮乏，但是，针对同模块化组织具有一定相似度诸如战略联盟、网络组织等其他类型中间组织中核心企业的研究则相对较多，并且，现已发展出一些具有较高信度与效度水平的研究量表。而基于上一节对针对企业网络能力测量相关研究成果的梳理，在结合模块化组织特性的基础上，我们可以对其中一些适合的量表进行借鉴，以确保本研究所用量表的信度与效度水平。此外，本研究中，也基于模块化组织中核心企业的特点以及对核心企业能力的研究，提出了一些新的量表。

同时，在模块化组织理论实证研究的现有成果中，也存在一些具有较高信度与效度水平的研究量表。在考虑到本研究的展开正是建立在现有模块化组织理论研究基础上的情况下，我们在模块化组织建构量表的题项初始选择上，尽量整理、提取前人已有的量表。当然，本研究也基于对模块化组织形成与运行的整体性认识，提出了一些新的量表。

在形成初始量表后，本研究测量的七个变量，即模块化组织中核心企业的组织设计能力、组织整合能力、组织治理能力、组织协调能力、组织学习能力、组织创新能力和模块化组织建构的初始测试题项数分别为5个、5个、6个、8个、7个、9个、6个，一共46个题项。

首先，基于保障初始量表理论性与科学性的需要，走访了同济大学经济与管理学院、同济大学发展研究院、华东理工大学商学院和武汉大学商学院等科研单位。通过同该研究领域专家的探讨，对初始量表进行了第一轮修正，即组织设计能力修改了一个题项、组织整合能力修改了一个题项、组织治理能力删除了两个题项并增加了一个题项、组织协调能力删除了一个题项、组织学习能力修改了两个题项、组织创新能力修改了一个题项并删除了两个题项、模块化组织建构修改了两个题项。经过对初始量表的修改与调整，模块化组织中核心企业的组织设计能力、组织整合能力、组织治理能力、组织协调能力、组织学习能力、组织创新能力和模块化组织建构的测试题项数分别为5个、5个、5个、7个、7个、7个、6个，一共42个题项。

此外，基于保障初始量表实践性与应用性的需要，走访了中国商飞、上海纺织、人福医药等不同行业的大型且在细分市场处于领军地位的企业。通过同公司副总裁以上级高层管理人员的访谈①，对初始量表进行了第二轮修正，即组织设计能力未修改、组织整合能力修改了一个题项、组织治理能力修改了两个题项、组织协调能力删除了一个题项并合并了一个题项、组织学习能力修改了一个题项并删除了一个题项且合并了一个题项、组织创新能力修改了两个题项并删除了两个题项、模块化组织建构修改了一个题项并删除了一个题项。经过对初始量表的第二轮修改与调整，模块化组织中核心企业的组织设计能力、组织整合能力、组织治理能力、组织协调能力、组织学习能力、组织创新能力和模块化组织建构的测试题项数分别为5个、5个、5个、5个、5个、5个、5个，一共35个题项。

通过对初始量表的预测试，经过两轮修改与调整，从而在一定程度上，

---

① 笔者所走访企业均为笔者当时在某券商投行任职期间，同笔者所在券商具有密切关联的大型企业。

一方面提升了量表的科学性，另一方面增强了量表的有效性。本研究最终确定的量表如表5.3。

本研究测量的变量包括模块化组织中核心企业的组织设计能力、组织整合能力、组织治理能力、组织协调能力、组织学习能力、组织创新能力和模块化组织建构七个变量。针对七个变量所设计的量表均采用了 Likert 5 级量表尺度，并要求受访对象基于本企业实际情况对每个指标同本企业的符合程度展开判断。其中，"1"表示"非常不符合"，"5"表示"非常符合"。

表5.3　模块化组织中核心企业核心能力与模块化组织建构测量量表

题项内容	依据或来源
组织设计能力	
X_1 我们理解模块化组织的内涵，包括组织的构建、过程，以及可能的发展和演化方向	Moller，Halinen（1999）
X_2 我们清楚地知道从模块化组织内获取哪些有价值的资源	笔者提出，经过预测试验证
X_3 我们对企业所处的组织价值链非常熟悉，能够对各功能环节进行分拆	Granovetter（1973）；Uzzi（1997）
X_4 我们具有选择适合的成员企业并建立相对稳定合作关系的能力	笔者提出，经过预测试验证
X_5 我们能够制定正确的模块化组织发展目标及组织行动准则	笔者提出，经过预测试验证
组织整合能力	
X_6 我们能够引导组织内成员企业的具体行为	Powell（1996）
X_7 我们能够对组织内成员企业进行评估、筛选、调整	Ritter（2002）；Lau，Yam（2007）
X_8 我们能够对组织内成员企业生产运营过程进行控制	Antonio（2007）
X_9 我们能够从组织成员企业中获得所需的资源	笔者提出，经过预测试验证
X_{10} 我们能够对组织内成员企业的资源进行配置与整合	笔者提出，经过预测试验证

续表

题项内容	依据或来源
组织治理能力	
X_{11}我们能够运用契约、期权等对组织进行治理，使得各成员企业成为一个紧密整体	Langlois（2002）
X_{12}我们能够促使组织内成员企业间更高频率的互动，产生组织共同的文化	Langlois（2002）
X_{13}我们在组织内有很强的权威，指令能够得到成员企业的有效执行	笔者提出，经过预测试验证
X_{14}我们能够持续改善组织内成员企业间合作效率	笔者提出，经过预测试验证
X_{15}我们能够促使组织内成员企业进行正确的自我治理	笔者提出，经过预测试验证
组织协调能力	
X_{16}我们具有很强的发展与成员企业、成员企业间相互信任、互惠互利、有序合作的能力	Hansen（2002）；Ritter（2002）
X_{17}我们与成员企业关系非常紧密，能够通畅交流，并且交流很深入	Kusunoki，Nonaka（1998）
X_{18}我们具有很强的建立与成员企业、成员企业间共有规范并分享价值观的能力	Walter（2003）
X_{19}我们具有很强的占据组织网络中心性位置的能力	Powell（1996）
X_{20}我们是组织内信息传递，即成员企业间的沟通桥梁	Owen-Simth，Powell（2003）
组织学习能力	
X_{21}我们能够从组织中有效吸收所需的知识、信息等资源，并合理利用	Cohen，Levintha（1990）
X_{22}我们自身具备的学习能力在持续增强	谢洪明（2006、2007）
X_{23}我们能引导组织内成员企业间展开多种多样的互动、合作	Ariss（2002）
X_{24}我们能够创建一个学习平台，为组织内的学习提供支持	笔者提出，经过预测试验证
X_{25}我们能够培养组织内成员企业的相互学习能力	笔者提出，经过预测试验证

117

题项内容	依据或来源
组织创新能力	
X_{26}我们能够对外部市场环境变化进行动态、快速响应	Powell（1996）
X_{27}我们能够使得信息在组织内自由、快速流动	笔者提出，经过预测试验证
X_{28}我们在组织内建立了较强的创新意识和良好的创新氛围	Sock（2005）
X_{29}我们拥有较强的技术研发实力，并能够同成员企业研发资源有效整合	黄培伦（2008）
X_{30}我们能够有效管理组织整体的创新成果	笔者提出，经过预测试验证
模块化组织建构	
X_{31}组织内存在一个核心企业，各成员企业生产运行对其完全服从	笔者提出，经过预测试验证
X_{32}组织内各成员模块都有明确的功能且相互间存在差异	Tiwana（2008）
X_{33}组织内各成员模块处于价值链的不同环节且相互间紧密衔接	Worren（2002）
X_{34}组织内存在一套规则体系，对组织内成员企业行为能够实现有效规制与引导	Tiwana（2008）
X_{35}组织内各成员企业间具有较高的信任度，相互能够进行资源共享与有效协作	Schilling（2001）

5.2 抽样方法与样本

考虑到本研究的前沿性，以及实践中不同行业的模块化程度的差异性可能会对问题研究造成较大影响的情况，特选择制造业中模块化程度相对较高的行业中的领军企业进行问卷调研。

在 2011 年 1 月至 2013 年 5 月期间，基于自身业务渠道及地方政府平台，通过电子邮件、快递、实地走访等方式，向上海、广东、湖北、湖南等地企业发放问卷 250 份，最终实际回收问卷 138 份，问卷回收率为 55.2%；剔除无效问卷6份（主要问题是问卷填写不完整或问卷填写存在明显不一致），剩余可用于分析的有效问卷为132份，有效问卷回收率为52.8%。

从被调查对象的学历结构来看，博士9人（6.8%），硕士52人（39.4%），本科64人（48.5%），本科以下7人（5.3%）。被调查者中，副总裁以上级高层管理人员共83人（62.9%），诸如采购部经理、市场部经理等中层管理人员共49人（37.1%）。本研究的问卷调研集中于处于行业中领军企业的中高层管理人员，且其中具有较高比例的高学历，使得其能够在对问卷的理解及行业的把握方面具有保障作用，能够有效提高调研的效度。本研究样本的特征分布情况见表5.4。

表5.4　样本特征分布情况（N = 132）

	特征	样本量（个）	所占比例（%）
企业规模	低于500人	17	12.9
	501—1000人	66	50.0
	1000人以上	49	37.1
企业性质	国有企业	54	40.9
	民营企业	28	21.2
	外资企业	19	14.4
	合资企业	31	23.5
企业类型	工程机械制造业	19	14.4
	电气设备制造业	26	19.7
	运输设备制造业	22	16.7
	汽车制造业	7	5.3
	钢铁冶炼制造业	5	3.8
	纺织制造业	3	2.3
	化工制造业	28	21.2
	通信设备制造业	16	12.1
	工业机械制造业	6	4.5

	特征	样本量（个）	所占比例（%）
企业年限	低于 5 年	15	11.4
	6 – 10 年	69	52.3
	10 年以上	48	36.3

5.3 量表信度与效度

对于实证研究来说，量表信度水平与效度水平的高低将对数据分析结果产生直接影响。在本研究中所采取的量表，是在现有主流相关文献中所获悉的相关量表基础上，结合模块化组织特性，并通过预测试后，经修正而成。可以说，其已经具有了较高的内容效度，但是，基于研究的严谨性与科学性，对其信度与效度展开检验仍然非常必要。

5.3.1 量表信度检验

所谓信度（Reliability），其主要指基于相同的对象，采取相同观测方法获得相同观测结果（数据）的可能性。对于信度指标，较为常用的主要有稳定性、等值性和内部一致性（李怀祖，2004）。在本研究中，我们选取内部一致性指标展开量表的信度检验。

对于内部一致性指标，其着重于关注具有差异的测试题项所产生的测试结果的不同，往往用来对某一测试题项与测量相同变量的其他测试题项间的相关关系进行衡量，是一种较为常用的验证性方法，其通常使用 Cronbach'α 系数为样本数据信度的检验指标，其具体表达式为：

$$\alpha = \frac{k}{k-1} \left| 1 - \frac{\sum_{i=1}^{k} \sigma_i^2}{\sum_{i=1}^{k} \sigma_i^2 + 2\sum_{i=1}^{k} \sum_{j=1}^{k} \sigma_{i,j}} \right|$$

其中，k 为问卷的份数。

若较大，则说明该变量各题项相关性较大，即其内部一致性程度较高。在具体的研究工作中，通常 Cronbach'α 将高于 0.7 界定为高信度，而将低于 0.35 界定为低信度，此外，当 Cronbach'α 为 0.5 时，将其界定为能够接受的最低信度水平（Cuieford，1965；Nunnally，1978）。

1. 组织设计能力量表信度检验

组织设计能力的 Cronbach'α 为 0.8549，此外，该变量五个分项的相关系数都高于 0.5，且在删除任意分项后 Cronbach'α 并无显著提高。基于此，我们认为，组织设计能力的量表内部一致性程度较高，具有较高的信度水平。

表 5.5　组织设计能力量表信度检验

分项	对总项相关系数	该分项删除后 Cronbach'α
X_1	0.6878	0.8205
X_2	0.6907	0.8191
X_3	0.6793	0.8221
X_4	0.7795	0.8005
X_5	0.5331	0.8604
组织设计能力 Cronbach'α		0.8549

2. 组织整合能力量表信度检验

组织整合能力的 Cronbach'α 为 0.7990，此外，该变量五个分项的相关系数四个都高于 0.5，只有一个 0.4497 略低于 0.5，但是，在删除任意分项后 Cronbach'α 并无显著提高。基于此，我们认为，虽然一个分项相关系数略低，但整体上组织整合能力量表内部一致性较高，信度较好。

表 5.6　组织整合能力量表信度检验

分项	对总项相关系数	该分项删除后 Cronbach'α
X_6	0.4497	0.8029
X_7	0.6623	0.7367
X_8	0.5989	0.7549
X_9	0.6416	0.7405
X_{10}	0.5715	0.7646
组织整合能力 Cronbach'α		0.7990

3. 组织治理能力量表信度检验

组织治理能力 Cronbach'α 的为 0.7242，此外，该变量五个分项的相关系数最高为 0.6080，最低为 0.2992。针对最低的分项 X_{15}，将其删除后，

Cronbach'α 为 0.7409，相较于 0.7242，Cronbach'α 显著提高，故我们将该分项从量表中删除。而对于分项 X_{12}，虽然其相关系数也低于 0.5，但将其删除后，Cronbach'α 并无显著提高，故保留该项。对于组织治理能力的量表，从整体上看，其 Cronbach'α 还是属于能够接受的信度水平。

表 5.7　组织治理能力量表信度检验

分项	对总项相关系数	该分项删除后 Cronbach'α
X_{11}	0.5500	0.6497
X_{12}	0.3821	0.7195
X_{13}	0.5991	0.6307
X_{14}	0.6080	0.6280
X_{15}	0.2992	0.7409
组织治理能力 Cronbach'α		0.7242

4. 组织协调能力量表信度检验

组织协调能力的 Cronbach'α 为 0.8425，此外，该变量五个分项的相关系数都高于 0.5，且在删除任意分项后 Cronbach'α 并无显著提高。基于此，我们认为，组织协调能力的量表内部一致性程度较高，具有较高的信度水平。

表 5.8　组织协调能力量表信度检验

分项	对总项相关系数	该分项删除后 Cronbach'α
X_{16}	0.5295	0.8412
X_{17}	0.6682	0.8051
X_{18}	0.6823	0.8009
X_{19}	0.6639	0.8077
X_{20}	0.7027	0.7951
组织协调能力 Cronbach'α		0.8425

5. 组织学习能力量表信度检验

组织学习能力的 Cronbach'α 为 0.8334，此外，该变量五个分项的相关系数都高于 0.5，且在删除任意分项后 Cronbach'α 并无显著提高。基于此，我们认为，组织学习能力的量表内部一致性程度较高，具有较高的信度水平。

表 5.9　组织学习能力量表信度检验

分项	对总项相关系数	该分项删除后 Cronbach'α
X_{21}	0.6946	0.7825
X_{22}	0.5917	0.8121
X_{23}	0.6073	0.8071
X_{24}	0.6031	0.8083
X_{25}	0.6703	0.7895
组织学习能力 Cronbach'α		0.8334

6. 组织创新能力量表信度检验

　　组织创新能力的 Cronbach'α 为 0.9362，此外，该变量五个分项的相关系数都高于 0.5，且在删除任意分项后 Cronbach'α 并无显著提高。基于此，我们认为，组织创新能力的量表内部一致性程度较高，具有较高的信度水平。

表 5.10　组织创新能力量表信度检验

分项	对总项相关系数	该分项删除后 Cronbach'α
X_{26}	0.8076	0.9255
X_{27}	0.8568	0.9163
X_{28}	0.7551	0.9347
X_{29}	0.8465	0.9184
X_{30}	0.8822	0.9115
组织创新能力 Cronbach'α		0.9362

7. 模块化组织建构量表信度检验

　　模块化组织建构的 Cronbach'α 为 0.8574，此外，该变量五个分项的相关系数都高于 0.5，且在删除任意分项后 Cronbach'α 并无显著提高。基于此，我们认为，模块化组织建构的量表内部一致性程度较高，具有较高的信度水平。

表 5.11　模块化组织建构量表信度检验

分项	对总项相关系数	该分项删除后 Cronbach'α
X_{31}	0.6891	0.8175
X_{32}	0.6916	0.8243
X_{33}	0.7848	0.8058
X_{34}	0.5186	0.8459
X_{35}	0.6989	0.8417
模块化组织建构 Cronbach'α		0.8574

5.3.2　量表效度检验

效度是测量的有效性程度，即测量工具确能测出其所要测量特质的程度，或者简单地说是指一个测验的准确性、有用性。效度是科学的测量工具所必须具备的最重要的条件。杨智（2005）将效度划分为内容效度与构念效度。所谓内容效度，其主要用来衡量量表同主题的切合程度。如果所测量的内容能够完全涵盖研究计划，则其具有较高内容效度。内容效度的检验方法，在实际研究过程中较多采用的是专家判断法，即由专家对量表展开评价。由于本研究中量表的设计，是在现有主流相关文献中所获悉的相关量表基础上，结合模块化组织特性，并通过预测试后，经修正而成，可以说，其已经具有了较高的内容效度，能够符合内容效度的相关要求。而构念效度，则主要用来对量表能否真正的度量出所需要进行度量的变量进行检验，可以进一步划分成收敛效度与区分效度两种。所谓收敛效度，是指同样概念中的相关项目彼此间具有较高的相关度。所谓区别效度，即不同概念中的项目彼此间所存在的差异程度。在实际研究过程中，通常使用因子分析来对这两种效度进行分别检验。基于此，在克林格（Kerlinger，1986）观点的基础上，本研究使用因子分析法来对量表的构念效度进行检验。对于因子分析的目的而言，其是期望使用较少的因子来代替较多的原始变量，在本章的研究中，使用了因子分析法中的主成份分析法，因子旋转方式采用正交旋转方式（方差最大旋转方式），并明确高于 1 的特征值为因子提取标准。此外，在展开因子分析前，我们需采用 KMO，即取样适当性数值，来对数据用来进行因子分析是否合适进行检验。当 KMO 同数值 1 越近，则其用来进行因子分析越合适，而若 KMO

较小，则将其用于因子分析是不合适的。关于 KMO 的评价标准，本章采用了凯瑟（Kaiser，1974）所确定的标准数值，即当 KMO 大于 0.9 时，其用于因子分析非常合适；当 0.8 < KMO < 0.9 时，其很合适；当 0.7 < KMO < 0.8 时，其合适；当 0.6 < KMO < 0.7 时，其不太合适；当 0.5 < KMO < 0.6 时，其较为勉强；当 KMO 小于 0.5 时，其不合适。

1. 组织设计能力量表效度检验

组织设计能力因子分析的 KMO 为，且 Bartlett 为，同时 P 为 0（P < 0.001），故进行因子分析很合适。从因子分析表中能够发现，提取一个因子共解释方差的，充分说明了组织设计能力量表具有较强的收敛效度。

表 5.12　组织设计能力量表效度检验

变量	因子负荷
X_1	0.877
X_2	0.826
X_3	0.799
X_4	0.814
X_5	0.679
解释方差百分比 64.238	
KMO = 0.803 Bartlett 球形检验卡方值 = 289.231 显著水平 = .000	

2. 组织整合能力量表效度检验

组织整合能力因子分析的 KMO 为，且 Bartlett 为，同时 P 为 0（P < 0.001），故进行因子分析很合适。从因子分析表中能够发现，提取一个因子共解释方差的，充分说明了组织整合能力量表具有较强的收敛效度。

表 5.13　组织整合能力量表效度检验

变量	因子负荷
X_6	0.814
X_7	0.801
X_8	0.759

变量	因子负荷
X_9	0.740
X_{10}	0.614
解释方差百分比	56.123
KMO = .826 Bartlett 球形检验卡方值 = 179.617 显著水平 = .000	

3. 组织治理能力量表效度检验

组织治理能力因子分析的 KMO 为，且 Bartlett 为，同时 P 为 0（P < 0.001），故进行因子分析合适。从因子分析表中能够发现，提取一个因子共解释方差的，充分说明了组织治理能力量表具有较强的收敛效度。

表 5.14　组织治理能力量表效度检验

变量	因子负荷
X_{11}	0.837
X_{12}	0.667
X_{13}	0.804
X_{14}	0.698
解释方差百分比	57.001
KMO = .730 Bartlett 球形检验卡方值 = 116.118 显著水平 = .000	

4. 组织协调能力量表效度检验

组织协调能力因子分析的 KMO 为，且 Bartlett 为，同时 P 为 0（P < 0.001），故进行因子分析很合适。从因子分析表中能够发现，提取一个因子共解释方差的，充分说明了组织协调能力量表具有较强的收敛效度。

表 5.15　组织协调能力量表效度检验

变量	因子负荷
X_{16}	0.827
X_{17}	0.809
X_{18}	0.803
X_{19}	0.795
X_{20}	0.682
解释方差百分比	61.617
KMO = .837 Bartlett 球形检验卡方值 = 237.135 显著水平 = .000	

5. 组织学习能力量表效度检验

组织学习能力因子分析的 KMO 为，且 Bartlett 为，同时 P 为 0（P < 0.001），故进行因子分析很合适。从因子分析表中能够发现，提取一个因子共解释方差的，充分说明了组织学习能力量表具有较强的收敛效度。

表 5.16　组织学习能力量表效度检验

变量	因子负荷
X_{21}	0.749
X_{22}	0.740
X_{23}	0.755
X_{24}	0.824
X_{25}	0.805
解释方差百分比	60.148
KMO = .843 Bartlett 球形检验卡方值 = 213.450 显著水平 = .000	

6. 组织创新能力量表效度检验

组织创新能力因子分析的 KMO 为，且 Bartlett 为，同时 P 为 0（P < 0.001），故进行因子分析很合适。从因子分析表中能够发现，提取一个因子共解释方差的，充分说明了组织创新能力量表具有较强的收敛效度。

表 5.17　组织创新能力量表效度检验

变量	因子负荷
X_{26}	0.839
X_{27}	0.904
X_{28}	0.877
X_{29}	0.929
X_{30}	0.912
解释方差百分比	79.709
KMO = .870 Bartlett 球形检验卡方值 = 534.261 显著水平 = .000	

7. 模块化组织建构量表效度检验

模块化组织建构因子分析的 KMO 为，且 Bartlett 为，同时 P 为 0 （P < 0.001），故进行因子分析很合适。从因子分析表中能够发现，提取一个因子共解释方差的，充分说明了模块化组织建构量表具有较强的收敛效度。

表 5.18　模块化组织建构量表效度检验

变量	因子负荷
X_{31}	0.698
X_{32}	0.841
X_{33}	0.863
X_{34}	0.892
X_{35}	0.778
解释方差百分比	66.813
KMO = 0.838 Bartlett 球形检验卡方值 = 291.347 显著水平 = .000	

5.3.3　同源方差检验

在问卷调查时，因每份问卷均由同一人填写，容易出现同源偏差 （Common Method Variances，简称 CMV） 的问题。充分考虑到本研究数据来源的单一性，有必要进行同源方差检验。本研究采取 Harma 的单因子检测方法（One Factor Test）来检验 CMV（Podsakoff，Organ，1986），即问卷所有条目一起作因子分析，在未旋转时得到的第一个主成份，反映了 CMV 的量。

结果显示，第一个因子初始特征值（Initial Eigenvalues）为 3.56，占了总方差的 17%，并没有占到多数，因此，不存在同源偏差问题。

5.4　变量整体性描述

模块化组织中核心企业核心能力与模块化组织建构变量整体性描述如表 5.19。

表 5.19　**变量整体性描述表**（N = 132）

变量		均值	标准差
组织设计能力	X_1	3.752	.758
	X_2	3.752	.849
	X_3	3.808	.840
	X_4	3.816	.937
	X_5	3.912	.889
组织整合能力	X_6	3.752	.964
	X_7	3.800	.852
	X_8	3.824	.942
	X_9	3.800	.950
	X_{10}	4.008	.818
组织治理能力	X_{11}	4.000	.942
	X_{12}	4.080	1.029
	X_{13}	3.608	.958
	X_{14}	3.544	1.004
组织协调能力	X_{16}	3.624	.973
	X_{17}	3.760	1.003
	X_{18}	3.672	.974
	X_{19}	3.736	.863
	X_{20}	3.808	.931

变量		均值	标准差
组织学习能力	X_{21}	3.768	.890
	X_{22}	3.648	.927
	X_{23}	3.832	.868
	X_{24}	3.688	.893
	X_{25}	3.728	.892
组织创新能力	X_{26}	3.472	.921
	X_{27}	3.616	1.022
	X_{28}	3.432	.978
	X_{29}	3.656	.985
	X_{30}	3.680	.989
模块化组织建构	X_{31}	3.758	1.086
	X_{32}	3.376	.891
	X_{33}	4.015	.936
	X_{34}	3.123	1.034
	X_{35}	4.588	.809

在组织设计能力的衡量指标中，5 个指标的均值都在 3.7 分以上，最高为 3.912（X_5 我们能够制定正确的模块化组织发展目标及组织行动准则），最低有 3.752（X_1 我们理解模块化组织的内涵，包括组织的构建、过程，以及可能的发展和演化方向；X_2 我们清楚的知道从模块化组织内获取哪些有价值的资源）。这说明，模块化组织中核心企业一方面需要清楚的知道其能够从模块化组织中获取什么，并对模块化组织的发展具有预见性，这种预判能力的培养非常重要；另一方面，核心企业的这种预判能力能直接指导其制定出模块化组织具体的发展目标和内部规则，进而使得模块化组织得以最终形成。

在组织整合能力方面，从 5 个指标看，都能够体现出这种能力对于核心企业的重要程度，尤其是"X_{10} 我们能够对组织内成员企业的资源进行配置与整合"一项的均值最高（4.008），表明核心企业除了能够对组织内成员企业进行管理、控制及资源吸收外，更为重要的是，其能够实现组织整体资源的优化配置。只有组织整体资源实现优化配置，模块化组织价值整合才可能实现，组织整体效益才能够最大化。

在组织治理能力方面，"X_{15}我们能够促使组织内成员企业进行正确的自我治理"由于信度不显著而被剔除，"X_{11}我们能够运用契约、期权等对组织进行治理，使得各成员企业成为一个紧密整体"均值达到 4.000，"X_{12}我们能够促使组织内成员企业间更高频率的互动，产生组织共同的文化"的均值则更是达到了 4.080，这正好突出了对于模块化组织而言，核心企业通过对组织进行有效治理，使得组织能够形成一个相互关系较为紧密的利益共同体的重要性。

组织协调能力 5 个指标的均值比较接近，只有"X_{20}我们是组织内信息传递，即成员企业间的沟通桥梁"的均值最高，为 3.808，充分说明对于核心企业而言，其在对组织整体运行的协调过程中，其能否始终占据组织网络中心性位置，更多的是通过其能否在组织中始终扮演"中枢神经"的角色来实现，进而也明确了能否控制组织内的信息资源对于核心企业主导地位的保持具有重大影响。

组织学习能力 5 个指标的均值同样比较接近，"X_{23}我们能引导组织内成员企业间展开多种多样的互动、合作"相对最高，均值为 3.832，这充分说明了在核心企业引导下，通过促使组织中成员企业间互动与合作重复性、深入性开展，能够成为最有效的提升组织整体学习能力的路径。

组织创新能力 5 个指标的均值则更加接近，这在一定程度上体现出，对于组织创新能力而言，这 5 个细分维度对其重要性比较平均。

模块化组织建构 5 个指标的均值在一定程度上呈现出一种两极分化的状态，其中三个指标均值较高，两个指标均值相对较低。最高的指标"X_{35}组织内各成员企业间具有较高的信任度，相互能够进行资源共享与有效协作"均值达到了 4.588，充分说明了模块化组织的重要特征是组织内具有非常好的信任氛围，在这种氛围中，各成员企业能够实现生产运行的有效协同，提升了组织整体生产效率，放大了组织整体生产效益。而最低的指标"X_{34}组织内存在一套规则体系，对组织内成员企业行为能够实现有效规制与引导"均值只有 3.123，这也反映出，模块化组织作为一种全新组织形态，在实践中还处于一个摸索的阶段，一方面对组织内部的运行在认识上存在缺陷，另一方面对组织内部的管理在方法上缺乏指导。

5.5　核心企业核心能力体系结构分析

模块化组织中核心企业核心能力体系是由属于基础能力的组织设计能力与组织整合能力、属于主导能力的组织治理能力与组织协调能力以及属于创造能力的组织学习能力与组织创新能力所构成的能力体系。对于构成核心企业核心能力体系的各能力维度而言，其对核心企业的重要性是否存在差异性，此外，在现实经济环境中核心企业是否存在普遍性的能力缺陷，等等，基于这些具有较强实践指导意义的问题，本研究进一步对核心企业的核心能力体系展开了结构模型分析，以期对核心企业核心能力的培育与提升形成指引。

我们将核心企业核心能力体系作为其结构方程模型外源潜在变量，而将组织设计能力、组织整合能力、组织治理能力、组织协调能力、组织学习能力和组织创新能力作为其内源潜在变量。此外，每个内源潜在变量又存在若干观察变量。在观察变量同内源潜在变量间的标准化参数值，即箭头上数值，等同因子分析结果，即因子负荷值，而内源潜在变量同外源潜在变量间的标准化参数值，则等同验证性因子分析结果（见图 4.3）。

此外，通过拟合指数，即 $\chi^2/df = 1.76$，$CFI = 0.97$，$IFI = 0.98$，$RMSEA = 0.06$，$RMR = 0.07$，$GFI = 0.91$，说明模型拟合良好。

对于组织设计能力这个内源潜在变量而言，五个观察变量及其标准化参数值分别是：X_1 我们理解模块化组织的内涵，包括组织的构建、过程，以及可能的发展和演化方向（0.877）；X_2 我们清楚的知道从模块化组织内获取哪些有价值的资源（0.826）；X_3 我们对企业所处的组织价值链非常熟悉，能够对各功能环节进行分拆（0.799）；X_4 我们具有选择适合的成员企业并建立相对稳定合作关系的能力（0.814）；X_5 我们能够制定正确的模块化组织发展目标及组织行动准则（0.679）。以上这些表明本研究将组织设计能力做这样的划分是合理的，对模块化组织系统认知、明确自身所需资源是核心企业在构建一个模块化组织前必须掌握的能力，在此基础上，核心企业才能着手构建模块化组织。当然，制定模块化组织发展目标及组织行动准则是整个组织设计能力最终的落实点。因此，模块化组织从构想、设计到实现需要一个过程，其标准化参数略低也就不难理解了。

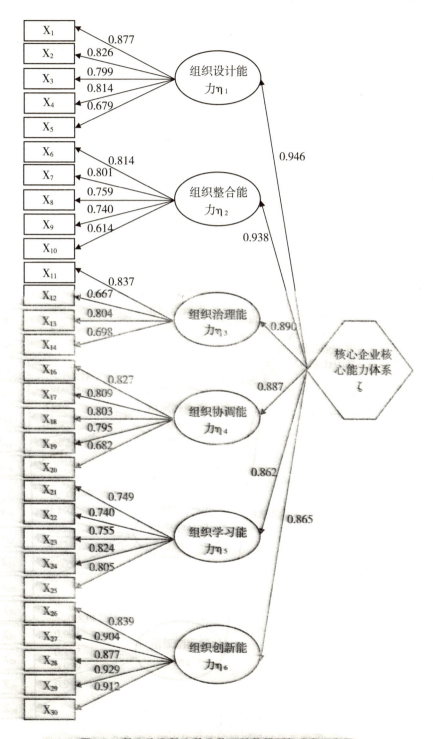

图 4.3　核心企业核心能力体系结构模型标准化系数图

对于组织整合能力这个内源潜在变量而言，五个观察变量及其标准化参数值分别是：X_6 我们能够引导组织内成员企业的具体行为（0.814）；X_7 我们能够对组织内成员企业进行评估、筛选、调整（0.801）；X_8 我们能够对组织内成员企业生产运营过程进行控制（0.759）；X_9 我们能够从组织内成员企业中获得所需的资源（0.740）；X_{10} 我们能够对组织内成员企业的资源进行配置与整合（0.614）。组织整合首先要能够对成员企业的具体行为进行有效引导，并且有能力对成员企业展开持续的动态管理，进而才能够从成员企业获取相应的资源，最终实现资源的跨边界有效整合。在统计分析中，可以发现，五个观察变量对组织整合能力的培养和促进作用都有很好的体现。

对于组织治理能力这个内源潜在变量而言，四个观察变量及其标准化参数值分别是：X_{11} 我们能够运用契约、期权等对组织进行治理，使得各成员企业成为一个紧密整体（0.837）；我们能够促使组织内成员企业间更高频率的互动，产生组织共同的文化（0.667）；X_{13} 我们在组织内有很强的权威，指令能够得到成员企业的有效执行（0.804）；X_{14} 我们能够持续改善组织内成员企业间合作效率（0.698）。这个结果说明了核心企业组织治理能力的培养需要着眼于两点，一是能够运用多样化的手段对组织内成员企业行为进行持续控制，二是要持续提升自身在组织中的权威影响力。

对于组织协调能力这个内源潜在变量而言，五个观察变量及其标准化参数值分别是：X_{16} 我们具有很强的发展与成员企业、成员企业间相互信任、互惠互利、有序合作的能力（0.827）；X_{17} 我们与成员企业关系非常紧密，能够通畅交流，并且交流很深入（0.809）；X_{18} 我们具有很强的建立与成员企业、成员企业间共有规范并分享价值观的能力（0.803）；X_{19} 我们具有很强的占据组织网络中心性位置的能力（0.795）；X_{20} 我们是组织内信息传递，即成员企业间的沟通桥梁（0.682）。统计分析的结果表明，组织协调能力观察变量的设计是比较恰当的。核心企业要具备组织协调能力，就必须经常同成员企业保持密切的关系维护，并通过着重培养相互间信任、声誉等非契约要素对各自行为进行有效规制，进而使得其能够持续占据组织网络中心性位置，保持其在组织中的主导地位，最终实现对组织内成员企业间关系进行有效管理，维护组织的有效运行。

对于组织学习能力这个内源潜在变量而言，五个观察变量及其标准化参数值分别是：X_{21} 我们能够从组织中有效吸收所需的知识、信息等资源，并合理利用（0.749）；X_{22}我们自身具备的学习能力在持续增强（0.740）；X_{23}我们能引导组织内成员企业间展开多种多样的互动、合作（0.755）；X_{24}我们能够创建一个学习平台，为组织内的学习提供支持（0.824）；X_{25}我们能够培养组织内成员企业的相互学习能力（0.805）。核心企业组织学习能力的培养显然需要先从自身学习能力的提升开始，进而才能够帮助组织内成员企业提升其学习能力，这两点也在统计分析中得到了验证。

对于组织创新能力这个内源潜在变量而言，五个观察变量及其标准化参数值分别是：X_{26}我们能够对外部市场环境变化进行动态、快速响应（0.839）；X_{27}我们能够使得信息在组织内自由、快速流动（0.904）；$X28$我们在组织内建立了较强的创新意识和良好的创新氛围（0.877）；X_{29}我们拥有较强的技术研发实力，并能够同成员企业研发资源有效整合（0.929）；X_{30}我们能够有效管理组织整体的创新成果（0.912）。五个观察变量的标准化参数值都很高，这充分说明了观察变量设计的科学性，同样，也明确了核心企业组织创新能力培养的具体路径。

核心企业核心能力体系这个外源潜在变量的六个内源潜在变量的标准化参数值分别为：组织设计能力（0.946）、组织整合能力（0.938）、组织治理能力（0.890）、组织协调能力（0.887）、组织学习能力（0.862）和组织创新能力（0.865）。这些参数值可以说，比较好地说明了核心企业成长是由这六大能力驱动，同时也验证了本研究所提出的核心企业核心能力体系是由这六大能力维度构成的观点。在这些内源潜在变量的参数值中，组织设计能力与组织整合能力的参数值比其他参数值都要大，说明对于核心企业来说，作为其基础能力的组织设计能力与组织整合能力，相对于其他能力而言，具有更加重要的作用，因为正是在基础能力的驱动下，模块化组织才得以形成并进入运行阶段，进而才出现了主导能力与创造能力。基于此，模块化组织中核心企业，对基础能力的培养是重中之重，其对核心企业核心能力提升及持续成长具有根本性的驱动作用，同时，也对其他能力的培养具有重要的影响。其次是作为主导能力的组织治理能力与组织协调能力，其参数值比组织学习能力与组织创新能力高，这充分说明了，相对于后两者，前两者对于核心企业的主导地位，进而，也说明了后两者对于核心企业的功能性地位，即后两者更多地体现了核心企业核心能力最有价值的功能（迅速反应与持续创新），这同本研究所提出的核心企业核心能力体系三个类别能力构造的观点相符。

通过实证，假设 1 得到验证，即模块化组织中核心企业核心能力体系是由属于基础能力的组织设计能力与组织整合能力、属于主导能力的组织治理能力与组织协调能力和属于创造能力的组织学习能力与组织创新能力所构成的能力体系。

5.6   核心企业核心能力体系同模块化组织建构关系回归分析

在对假设 1 验证的基础上，通过展开模块化组织中核心企业核心能力体系六个维度子能力同模块化组织建构关系的回归分析，一方面对假设 2、假设 3、假设 4、假设 5、假设 6、假设 7 进行检验，另一方面试图更深层次地揭示核心企业核心能力体系对模块化组织建构的重要影响，进而对核心企业核心能力体系做进一步验证。

我们将模块化组织建构作为因变量，核心企业核心能力体系六个子能力作为自变量，并基于本研究的样本特征，选取了企业规模、企业性质、企业类型与企业年限作为控制变量。

首先对各变量相关系数进行了分析。相关系数是用以反映变量之间相关关系密切程度的统计指标。相关系数是按积差方法计算，同样以两变量与各自平均值的离差为基础，通过两个离差相乘来反映两变量之间相关程度；着重研究线性的单相关系数。

相关系数 ρ_{XY} 取值在 -1 到 1 之间，$\rho_{XY} = 0$ 时，称 X、Y 完全不相关；$|\rho_{XY}| = 1$ 时，称 X、Y 完全相关，此时，X、Y 之间具有线性函数关系；$|\rho_{XY}| < 1$ 时，X 的变动引起 Y 的部分变动，ρ_{XY} 的绝对值越大，X 的变动引起 Y 的变动就越大，$|\rho_{XY}| > 0.8$ 时称为高度相关，当 $0.5 < |\rho_{XY}| < 0.8$ 时称为显著相关，当 $0.3 < |\rho_{XY}| < 0.5$ 时，称为低度相关，当 $|\rho_{XY}| < 0.3$ 时，称为无相关。

表 5.20 列示了各变量的均值、标准差和相关系数。其中，组织设计能力同模块化组织建构间存在着显著的正相关关系，其相关系数为 0.718（P < 0.001）。此外，组织整合能力同模块化组织建构间也存在着显著的正相关关系，其相关系数为 0.669（P < 0.001）。据此，假设 2 和假设 3 初步得到验证。

表 5.20　各变量的均值、标准差和相关系数

变量	均值	标准差	1	2	3	4	5	6	7	8	9	10	11
1. 模块化组织建构	3.772	.951	1.000										
2. 组织设计能力	3.808	.855	.718***	1.000									
3. 组织整合能力	3.837	.905	.669***	.436**	1.000								
4. 组织治理能力	3.808	.983	.481*	.018	.041	1.000							
5. 组织协调能力	3.720	.949	.417*	.170	.208*	.539**	1.000						
6. 组织学习能力	3.733	.894	.336**	-.155	-.094	.314	.451*	1.000					
7. 组织创新能力	3.571	.979	.242*	-.053	.136	-.075	.276*	.613***	1.000				
8. 企业规模	2.969	.917	.397**	.176*	.191*	-.231	-.225	.141	.068	1.000			
9. 企业性质	2.743	.896	.158	.071	.043	.013	.007	.193*	.289*	-.596**	1.000		
10. 企业类型	2.185	.966	.039	.133	.214	.119	.148	.171*	.162*	-.378*	-.637***	1.000	
11. 企业年限	2.308	.873	.011	.036	.026	.027	.019	.052	.063	.273	.146*	-.183	1.000

注: * 表示 $p < 0.05$; ** 表示 $p < 0.01$; *** 表示 $p < 0.001$。

其次，我们进一步展开回归分析。回归分析结果如表5.21所示。

表5.21 核心企业核心能力体系同模块化组织建构关系的回归结果

	因变量：模块化组织建构					
	模型1	模型2	模型3	模型4	模型5	模型6
企业规模	.123*	.137*	.088	.095	.129	.103
企业性质	.111	.097	.083	.122	.117*	.103*
企业类型	.075	.063	.046	.059	.043*	.032*
企业年限	.032	.021	.038	.025	.025	.040
组织设计能力	.396***					
组织整合能力		.317***				
组织治理能力			.255**			
组织协调能力				.239**		
组织学习能力					.197**	
组织创新能力						.178**
R^2	0.45	0.43	0.47	0.51	0.59	0.44
$\triangle R^2$	0.09**	0.07**	0.04**	0.06**	0.12**	0.08**
F值	3.876***	3.715***	3.114***	3.233***	4.103***	3.653***

注：*表示 $p < 0.10$；**表示 $p < 0.05$；***表示 $p < 0.01$。

最后，回归结果显示，组织设计能力对模块化组织建构的影响通过了显著性检验（$\beta = 0.396$，$P < 0.01$；$\triangle R^2 = 0.09$，$P < 0.05$），故假设2得到了进一步验证。同时，组织整合能力对模块化组织建构的影响也通过了显著性检验（$\beta = 0.317$，$P < 0.01$；$\triangle R^2 = 0.07$，$P < 0.05$），故假设3也得到了进一步验证。

此外，组织治理能力对模块化组织建构的影响通过了显著性检验（$\beta = 0.255$，$P < 0.05$；$\triangle R^2 = 0.04$，$P < 0.05$），故假设4得到了验证。同时，组织协调能力对模块化组织建构的影响也通过了显著性检验（$\beta = 0.239$，$P < 0.05$；$\triangle R^2 = 0.06$，$P < 0.05$），故假设5也得到了验证。

并且，组织学习能力对模块化组织建构的影响通过了显著性检验（$\beta = 0.197$，$P < 0.05$；$\triangle R^2 = 0.12$，$P < 0.05$），故假设6得到了验证。同时，组织创新能力对模块化组织建构的影响也通过了显著性检验（$\beta = 0.178$，$P <$

0.05；$\triangle R^2 = 0.08$，$P < 0.05$），故假设 7 也得到了验证。

　　基于此，本研究提出的所有假设均得到了验证，即模块化组织中核心企业核心能力体系由组织设计能力、组织整合能力、组织治理能力、组织协调能力、组织学习能力和组织创新能力构成，且核心企业核心能力体系同模块化组织建构间显著正相关，其对模块化组织建构具有重大影响，进而有力地支撑了核心企业核心能力体系的科学性和有效性。

5.7　本章小结

　　本章在上一章所提出的模块化组织中核心企业核心能力体系概念模型的指引下，基于现有实证研究相关成果，进行了量表设计，进而展开实证，对假设进行了验证。

　　通过实证，一方面七个研究假设均得以验证，进而建立了由六大能力所形成的模块化组织中核心企业核心能力体系，另一方面，验证了核心企业核心能力体系对模块化组织建构的影响，进一步证实了核心企业在模块化组织形成与运行阶段的主导地位。此外，通过核心企业核心能力体系结构模型的建立，对模块化组织中核心企业核心能力的培育、提升明确了有效路径。

第6章 典型案例分析[①]

通过实证，基于所获取的一手数据，对模块化组织中核心企业核心能力体系进行了理论构建。在此背景下，本章通过选取两个案例，并对其展开应用性分析，对模块化组织中核心企业核心能力体系形成实践支持。戴尔电脑案例相关资料主要来源于互联网上同戴尔电脑相关的信息，作为二手数据经整理后形成。而中国商飞案例相关资料则主要来源于对中国商飞的实际走访，作为一手数据经整理后形成。

戴尔电脑的案例从模块化组织中核心企业产生与运行的视角切入，获悉其核心能力的应用，从而在一定程度上形成了对本研究基于内容分析法识别核心企业核心能力要素的实践支持。而中国商飞的案例则针对模块化组织中核心企业核心能力体系的理论研究成果，一方面对核心企业在实际运行过程中所应用的核心能力展开分析，另一方面试图对模块化组织中核心企业核心能力体系理论研究成果形成有力支撑。

6.1 戴尔电脑核心能力体系的运用

戴尔电脑由迈克尔·戴尔于1984年在得克萨斯州奥斯汀创立，这个诞生于学生宿舍的企业在PC厂商中是一个比较迟创立的公司。然而，戴尔公司后来居上，在20多年的发展历程中始终保持着持续高速的发展势头，并成为全球最大的PC厂商之一。可以说，戴尔创造了一个PC界的神话，其成功的背后，是其通过构建模块化组织，并采取独特的模块化组织运行模式，即其从成立之日起，就基于自身系统设计师的角色，着手于建立模块化组织，伴随着模块化组织的形成，其成为了模块化组织中核心企业，并主导着整个模块化组织的运行。

6.1.1 戴尔电脑在模块化组织形成阶段核心能力的运用

模块化组织中核心企业是相对于模块化组织而存在。如果不存在模块化组织，则也不存在模块化组织中核心企业，从另一个角度着眼，正是模块化组织中核心企业的出现，才使得模块化组织得以产生，可以说，核心企业与模块化组织是一种相互依存的关系，核心企业的产生过程实质上也是模块化组织的形成过程，核心企业的运行状态实质上也是模块化组织的运行状态。

对于戴尔电脑而言，其作为模块化组织中核心企业的产生过程，实质上也就是以其作为系统设计师所构建模块化组织的过程，而其作为模块化组织中核心企业的运行过程，实质上也就是以其为主导的整个模块化组织的运行过程。

1. 戴尔电脑构建模块化组织的行业背景

在"技术模块化→产品模块化→产业模块化→组织模块化"（郝斌，任浩，Anne-Marie GUERIN，2007）的模块化演进路径下，模块化组织作为一种新型的资源配置方式和组织形态在新经济时代的背景下得以产生。可以说，模块化组织的出现是经济发展、分工深化、竞争升级等多种因素综合作用的结果，其提供了一种全新的资源整合范式以对组织的持续成长形成动力源泉。对于戴尔电脑而言，其作为系统设计师，所建立的模块化组织正是在这一模块化演进路径下得以产生。对于 PC 行业，其在某种程度上，可以说，是模块化的发源地，发动这一变革的是 IBM 的三位天才设计师。在 IBM360 系统诞生以前，IBM、DEC 等少数几家计算机生产商主导着整个市场。它们的产品保持着高度紧密的集成化架构，彼此之间不存在任何兼容性。当用户选购了 IBM 的主机，就不得不购买 IBM 的外设。同时，当某个零件出现故障，与零件相关的其他组件都不得不被替换掉，系统维护与升级的成本极高。在较高的技术门槛和当时并不发达的金融市场背景下，计算机产品的集成化产品架构无疑能够强化在位厂商的寡头垄断地位。然而，Apple 公司的迅速崛起打破了 IBM 的垄断格局，迫使 IBM 做出变革。正是在这一形势下，IBM 开始组织人员进行模块化计算机产品的开发，IBM360 系统作为世界上第一个计算机模块化产品得以问世。在这一系统中，设计师们引入了与集成化产品完全不同的设计思路，即模块化设计思路。这也被青木昌彦称为"模块化的 IBM 模式"。IBM 分散化的设计模式同样为设计者们创造了机会，很多 IBM 的前雇员纷纷离开公司，利用自己的设计技能优势创办属于自己的企业，并发展与 IBM 的模块化设计与生产业务。一时之间，模块化得到迅猛发展并开始席卷整个计算机产业，计算机产业结构也因此而彻底改变。实际上，PC 行业的模块化势头之所以如此迅猛，与日益兴盛的风险投资是分不开的。正如鲍德温和克拉克（2000）所指出的，模块化设计能够创造设计期权（Options），这必然会给风险投资预留大量空间。风险资金的进入，使拥有技术而缺乏资金的设计师们"如鱼得水"，整个 PC 行业的模块化"网络"也开始越"织"越大，"模块化的硅谷模式"也相应产生。迈克尔·戴尔正是在这一时代背景下，创办了戴尔电脑，PC 行业所历经的"技术模块化→产品模块化→产业模块化"过程，为其利用分散采购与集中组装，进而构建出模块化组织奠定了坚实的行业基础，也可以说，正是 PC 行业的模块化历程，使得一种以戴尔电脑为代表的全新组织模式，即模块化组织的出现成为了历史必然。

2. 戴尔电脑对组织结构的模块化设计

对于组织结构模块化设计而言，其是基于传统的组织结构，对企业进行解构与重新组合，进而形成跨组织的系统架构，是模块化理论应用的一个重要特征。在整个设计过程中，核心企业需要完成两项重要的任务，即对组织价值链各功能模块进行分拆与检验标准①的制定。戴尔公司随着规模的不断扩张，其对组织价值链的分工也持续深化，使得其供应商数量急剧增加，与供应商建立关系的相关成本也相应剧增。为了有效控制成本、提高供应商的服务质量，戴尔开始选择与较少的供应商建立长期稳定的协作关系。为此，戴尔开始在众多的供应商中挑选最具价值的合作伙伴，并利用其严格的供应商选择制度，保证了公司的经营效率，某种程度上也巩固了其全球领先的 PC 品牌厂商地位。戴尔的供应商选择制度，明确了供应商所需具备的适用条件，这正是我们在对模块化组织结构研究中所界定的检验标准，其包含了一整套供应商遴选与认证制度，选择的标准涵盖了从成本、技术、服务到持续供应等的诸多主要方面。特别地，戴尔对于持续供应能力非常重视，因为一旦供应持续性受到影响，戴尔将无法履行对下游顾客的承诺。大致来看，戴尔对供应商的认证主要包括以下方面：一是供应的连续稳定性，即始终如一地按时按需供应戴尔所需的产品；二是生产成本上必须有一定的领先性，不能够

---

① 在第 3 章中有详细说明。

很好地控制成本的供应商无法进入戴尔的模块化组织中；三是较高的产品质量，以保障戴尔电脑的整体性能，为顾客创造更大的价值。在具体的考核过程中，戴尔采用了"安全量产投放（Safe Launch）"的手段。具体地说，戴尔在与新进入供应商开展合作中，并不会一次性给予很大的订单，而是分阶段地逐步扩大采购规模，以降低短期合作所带来的不确定性。

3. 戴尔电脑对组织流程的模块化设计

对组织流程进行模块化设计，就是要对企业原有流程进行彻底打破，将企业一体化组织流程进行分解与重构，进而使得原有各组成部分相互紧密衔接的流程转变为各组成部分既能够实现生产运营上的有效链接又能够进行独立运转的流程模块。在戴尔公司，其组织流程的模块化设计是通过虚拟化协作网络的设计得以最终实现。戴尔公司基于组织价值链的功能性分拆，并基于检验标准，确定了符合条件的处于各功能环节的供应商，在此基础上，戴尔公司基于业务流程，通过对众多在位供应商的功能性分析，建构起一个虚拟化的协作网络，戴尔公司则可以借助于信息化平台，对该协作网络开展虚拟整合，以实现各功能环节的有效对接，最终形成协同效应。其虚拟整合的基本思路是：专注于自己最擅长的领域，把不擅长的环节给行业中做得最好的厂商去做，并对各厂商相互衔接展开持续管理，进行优势整合，最终生产出极具竞争力的 PC 产品。戴尔的虚拟整合强调"以信息代替存货"（王述祖，2008），通过信息的组织与处理，强化生产的即时性。借助网络平台，戴尔可以收集有关市场需求的信息，通过对这些信息进行加工以形成不同模块的需求信息，并提供给相应的供应商。供应商按照订单生产、供货，经系统集成，最终形成 PC 整机提供给顾客。由此可见，戴尔的虚拟整合既是信息的整合，功能的整合，流程的整合，也是价值的整合。我们能够从三个维度衡量戴尔与供应商的虚拟整合效果：一是供应商的资源规划所能反映出的效率，这种效率映射在供应商自身的生产能力与弹性上，也反映出品牌厂商因此获得生产弹性的效果；二是供应商与戴尔相互学习的程度与效果，表现在戴尔与其供应商彼此交流从而产生学习效应的强度、方向及供应商对于戴尔的专属性；三是双方能力的互补程度，即双方价值链活动上整合的广度，主要表现在产品外包生产的比重与戴尔将价值活动外包的程度等（王述祖，2008）。从第一个方面来看，戴尔严格的供应商选择机制为供应商的能力与弹性提供了保障；从第二个方面来看，戴尔与供应商建立了学习与相互协助机制，也强化了彼此之间的学习效应；从第三个方面来看，戴尔在选择供应商中比较注重供应商的独特能力，并相应为戴尔的模块化组织模式提供支持。由此我们可以认为，戴尔与供应商的虚拟整合效果比较明显，故其组织流程模块化的效果比较好。

4. 戴尔电脑对组织职权的模块化设计

在模块化组织中，职权的设计是聚焦在组织的外部，是伴随着组织归核化的进程，在逐渐剥离非核心业务的同时，为确保剥离的业务既能够实现独立的运作又能够实现对组织核心业务的协同，将原本聚焦于组织内部的职权进行相应的放权处理。戴尔公司通过展开模块操作，并对划分出的模块转移相应的权力，实现了其组织职权的模块化设计。戴尔公司的模块化操作可以细分为三大类，即服务模块操作、生产过程模块操作和产品模块操作。服务模块，即将戴尔公司的服务业务进行划分而形成的业务模块。戴尔公司的服务模块操作主要是分割、增加等。分割操作即将不同层次的服务划分为众多的服务模块，并通过对所划分服务模块的权力转移，一方面提升业务模块的专业化技能，另一方面满足不同顾客的服务需求。戴尔公司将对顾客提供服务的业务划分为管理服务模块、专业服务模块、配置服务模块、技术支持和保修服务模块等。管理服务模块主要帮助顾客在 IT 规划、配置、维护、资产管理、现场服务和其他相关领域的决策；专业服务模块主要提供有关顾客设计、开发和执行端对端的技术解决方案；配置服务模块用以快速配置戴尔产品和系统，以便与客户软硬件环境相适应；技术支持和保修服务模块提供戴尔产品的维修、支持等服务（赖国伟，2004）。增加操作即增加某些服务模块，因为增加的服务模块具有相应的新增功能，并且具有独立履行新增功能的权力，进而能够进一步提升戴尔的服务质量，创造服务价值。例如，戴尔公司在早期销售产品的基础上，增加了许多交货前、交货后的服务模块。生产过程模块操作，即对生产过程中的时间、流程、人员等与生产相关的环节或业务的操作，包括剔除和增加。生产过程的模块剔除能够降低生产成本，模块被剔除后变成了一个独立的单元，能够自由的同其他相关模块展开合作选择，如剔除过多的零部件种类和型号，实施零部件的标准化，剔除产品生产中的不增值流程模块，等等。生产过程的模块增加能够提升戴尔的服务质量和效率，如增加 30 天无偿退货的服务，为客户定制产品增加软件模块等。产品模块操作，包括增加某些模块、剔除某些模块、分割某些模块、替代某些模块、归纳某些模块、移植某些模块等。增加模块能够提升产品价值和顾客满意度，比如在一般笔记本电脑上加入指纹识别模块等；剔除某些模块能够降低顾客的成本，比如去除企业客户电脑中的光盘驱动器、显卡等；分割模块能够提升顾客价值，如对顾客的服务需求进行模块化分割，以更专业化的分工完成服务；替代模块在某些情况下能够提升顾客价值，例如将低速的 CPU 换成高速的 CPU、将台式显示器换成液晶显示器，反之则能够降低顾客的成本；归纳模块同样能够为顾客带来成本节约，例如戴尔所推出的集成显卡笔记本电脑，其售价远低于带独立显卡的笔记本电脑，这对于购买预算较低的个人客户来说，无疑是极好的选择；移植模块往往会为顾客带来意想不到的价值，从而开创全新的蓝海，比如戴尔将摄像头模块移植到 Inspiron 1318 系列笔记本上。

5. 戴尔电脑对组织绩效的模块化设计

当模块化组织运行难以达到成员模块的预期目标时，会造成组织整体的绩效水平低下，使得组织整体经济收益减少，进而形成成员模块实际收益的降低，会直接对模块化组织的稳定性产生不利影响。基于此，戴尔公司通过建立信息流、知识流与物质流三条通道，对成员企业的绩效水平进行有效控制。所谓信息流与知识流的通道，是指戴尔公司通过获取成员企业的各种信息与知识，在对其梳理、分析的基础上，形成信息、知识向具有对应需求的成员企业流动的通道，使得成员企业的生产运营能够获得所需的支持，保持高绩效水平。所谓物质流通道，是指成员企业基于戴尔公司派遣的任务，将生产出的功能模块向戴尔公司流动的通道，使得戴尔公司能够对成员企业生产质量实时控制，保持组织整体的高绩效水平。戴尔公司的 BTO（Build To Order）模式在很大程度上保障了整个模块化组织的绩效水平。我们不妨从过程角度来理解戴尔与供应商的绩效管理机制：①主导规则确定了成员企业的绩效标准。尽管 PC 行业已经实现了较高程度的标准化，但在某些关键技术或关键部件上，非标准化仍然存在。为此，戴尔公司需要在两个方面向供应商传递有关规则的信息：一是非标准化部件的界面与接口要求；二是所有部件的质量、成本、技术水平等方面的要求。②BTO 信息确定了组织绩效得以实现的具体要求。应该说，BTO 信息的价值源头在顾客一端，由顾客首先发出信息，戴尔公司接收信息以后，经过加工与分解，将分解后的各类信息分散传递到各模块供应商。这集中体现了"顾客导向"的思想，即根据顾客的需求组织差异化、低成本的生产。③子模块集成的有效性确定了组织绩效的整体水平。模块供应商根据主导规则和 BTO 信息开展生产，并形成相应的子模块产品。这些产品将归总到模块集成商，经模块集成商集成而形成最终的 PC 产品。然而，最终的成品并不一定进入戴尔的仓库，而是可能直接被发往客户手中。

以戴尔公司为核心企业的模块化组织集中体现了顾客导向差异化和低成本的思想。在网络平台上，戴尔提供了多种价格低廉又极具诱惑力的 PC 产品配置。在此基础上，顾客可以根据偏好，对配置进行自我调整，并将需求信息发送至戴尔，戴尔再根据顾客的个性化需求组织生产与研发。整个过程都是以顾客为导向，同时在成本水平上力求达到行业较低水平。在供应商的生产中，戴尔会深入供应商的生产过程，并对其成本控制与质量管理给予现场指导。可以说，从需求信息发出到 PC 产品销售的每一个价值环节，都为戴尔致力于绩效提升增加了动力，戴尔也是在信息流、知识流与物质流三条通道中不断的产生对流效应，逐渐确立优势，最终以优质产品赢得顾客青睐，维持整体高绩效水平。

6. 戴尔电脑对组织激励的模块化设计

为了实现模块化组织的持续发展，戴尔公司展开了组织激励的模块化设计，推出了其供应商激励机制，我们将这一机制概括为"协助共进"，即协助供应商的改进，并实现彼此的共同进步。首先，戴尔会在技术研发上给供应商提供无偿帮助。对于 PC 行业企业来说，技术无疑是立足之本，拥有了核心技术就意味着掌握高端价值的控制权。然而，在某些情况下，供应商团队无法在技术上实现较大突破。为此，戴尔会主动派遣技术研发人员到供应商的研发团队中，并形成新的研发团队。新鲜血液的注入不仅能够为团队带来新的知识，而且会产生新的化学反应，甚至是完成系统层级的涌现，最终在能力上完成质的跨越。其次，戴尔会参与供应商的质量管理。戴尔不仅会定期对供应商的质量系统进行检测与评估，以确保供应商产品的质量水平，而且会在供应商遇到重大质量问题时，派遣工程师协助其解决。戴尔的参与使产品质量得以在源头得到控制，不仅增强了供应商的信心，而且提高了模块化组织的系统效率。最后，戴尔非常关注供应商的成长。这主要表现在：戴尔会派遣工程师至供应商驻厂，将自己在供应链的设计、规划、流程管理和执行等方面的经验都毫不吝啬地传授给供应商，并对供应商的生产经营予以引导，以配合全局性的生产与发展。这一举措进一步强化了戴尔与供应商的协作关系，同时激励供应商更好地为全局性的发展而努力。

6.1.2　戴尔电脑在模块化组织运行阶段核心能力的运用

戴尔公司通过构建模块化组织，使得在其周围分布着不同层次、承担不同职责的成员企业相互协作、彼此关联，并共同建构了一套高效的生产体系。戴尔的模块化组织系统以戴尔电脑为核心，通过主导不同层级中的各成员企业相互协作，最终完成模块化生产与运作。具体来说，参与到戴尔模块化组织运行中的成员企业可以概括为：零部件供应商、通用模块供应商、专用模块供应商等。其中，专用模块供应商是指提供与指定系统相匹配的具有特定功能的模块，该类模块技术不成熟，处于研发期间，不具有统一的行业标准，但可获得基于技术创新的熊彼特租金。通用模块供应商是指提供技术成熟的，并且已经形成了行业标准的模块生产厂商（徐宏玲，2006）。所谓零部件供应商，其主要供应非模块性的电脑零部件，这类厂商在戴尔的模块化组织中地位相对较低，完全没有核心技术支持，也就只能获得完全竞争下的利润水平，其是通用模块供应商的一种特殊形式，因其价值相对较低，故我们将其单独列出。所谓通用模块供应商，主要提供电脑行业标准化的模块产品，如 CPU 风扇、鼠标、声卡、内存条等，其产品无论在技术上，还是在规格上，都已经存在非常具体的产业标准。行业进入门槛相对较低，尽管有一定的技术性，但缺乏相应技术壁垒，因此这类厂商在戴尔的生产体系中不具有讨价还价的能力。而对于专用模块供应商，这类厂商主要提供专用性的模块产品，或者称为"封闭模块"产品。这类模块的特色是：从设计或功能上来说，它们是独立的模块，但从技术实现上来看，它们却是非常专业化、高端化，诸如 CPU、显卡、主板、系统软件等都属于这类模块行列。由于这类厂商掌握了核心技术，因此能够在与戴尔的合作中取得较大的话语权，特别是英特尔、微软等行业巨头，甚至拥有凌驾于戴尔之上的实力和权威性。

基于此，以戴尔公司为核心企业的模块化组织，其运行过程为戴尔公司基于市场信息、需求等存在发展机会，在对其有效解构的基础上，将任务分派给零部件供应商、通用模块供应商和专用模块供应商。各供应商在接到任务后，在戴尔公司的统一指挥下展开生产运营，并将符合标准的功能模块提供给戴尔公司，由戴尔公司完成产品集成，进而实现了模块化组织内部的价值整合。

但对于以戴尔公司为核心企业的模块化组织外部价值整合的有效实现，则需要一些相关企业参与到其产品集成后同市场衔接的过程中。这些相关企业可以概括为：通路服务商、维修公司、后勤公司、第三方服务商等。所谓通路服务商，尽管戴尔90%的产品通过直接销售的方式进入市场，仍然还有10%左右的产品经过了通路，特别近两年内，戴尔的直销模式开始受到联想等电脑公司两线作战（直接销售和通路销售）的挑战，其经营业绩受到较大的影响，使得戴尔开始考虑启用更多的通路商，以实体销售网络的方式完成PC产品的销售。由此可见，通路服务商在戴尔的模块化组织中将发挥越来越重要的作用。所谓维修公司，即提供维修或运营支持的相关企业，戴尔在售后服务上广受好评，很大程度上依赖于维修公司的良好服务。所谓后勤公司，主要负责戴尔价值链的辅助性活动，例如行政、劳资等方面的服务。所谓第三方服务商，其主要为戴尔提供第三方服务的相关公司，如物流公司、网络服务公司等。这类公司能够为戴尔提供增值性服务，同时对戴尔的直接销售及相关运作模式提供较大的支持。

6.2　中国商飞核心能力体系的运用

大型飞机制造业是典型的合作型工业。一架大型飞机从设计、生产到最后的组装需要众多部门的合作，其复杂性可想而知。到目前为止，没有一个大飞机项目是由一家公司独立完成的，就连发动机的制造也需要几家公司的合作。以大型飞机产业的两大巨头为例，空客有1500多家供应商，分布在27个国家和地区，而波音60%以上的零部件也都转包给其他供应商。国际合作和转包生产，可以提高效率，降低风险。各供应商直接供应各种零部件和子系统的外包化供应模式，是大飞机产业供应链发展的一个重要特征。可以说，大型飞机制造业的生产主体与竞争主体，在某种程度上，都是以某个核心企业为主导所形成的模块化组织。

中国商飞为了最大限度地利用好国内外一切可以利用的资源，采取了模块化的组织模式，实行"主制造商－供应商"项目模式，重点加强飞机设计集成、总装制造、市场营销、客户服务和适航取证等能力，将众多零部件转包给其他供应商设计和制造。可以说，中国商飞通过建立模块化组织模式，彻底告别了过去合作生产受制于人的被动状况，逐步实现从"中国制造"向"中国创造"过渡，自此确立了"以我为主"的自主集成创新之路。我们基于对模块化组织中核心企业核心能力的研究，对中国商飞在模块化组织形成及运行过程中，其核心能力的运用展开解析。

6.2.1　中国商飞组织设计能力的运用

在飞机制造过程中，中国商飞基于其对整机价值链的系统掌握，实现了整机价值链的功能分拆，并将模块化的设计制造业务转包出去且要求转包商成套供应。目前，中国商飞综合运用先进技术的基础上，考虑到如何降低经济成本，减少研制和生产周期，提高质量和安全性等增加产品的竞争力的各种因素，将分拆功能的供应商着眼于全球范围，实施全球采购，使得其自身形成了具有显著网络特征的模块化组织体系。在这个体系中，中国商飞根据供应商所提供功能模块的差异性，将其分为三个层级：提供部件系统的一类供应商，提供核心部件的二类供应商，提供基础部件的三类供应商。其中中国之外一类供应商有：美国汉胜公司（HSIS）、美国霍尼韦尔公司航空航天公司（Honeywell）、美国通用电气公司（General Electric）、德国利勃海尔集团（Liebherr）、美国罗克韦尔·柯林斯公司（Rockwell Collins）、法国赛峰集团（Safran）、美国古德里奇公司（Goodrich）、CFM 国际公司、FACC 公司、卓达宇航集团（Zodial Aerospace）、美国美捷特公司（Meggitt）、美国伊顿公司（Eaton）、美国派克宇航集团（Parker Aerospace）、法国泰雷兹公司（Thales）。由此可见，中国商飞正是充分运用了其组织设计能力，一方面使得以其为核心企业的模块化组织得以形成，另一方面形成了各细分专业优势模块的集成，进而提升了整个模块化组织的效益。

此外，中国商飞在 ARJ21 - 700 项目中，也充分展示了其组织设计能力。中国商飞通过对该项目的功能解构，进而对飞机整个界面规则进行设计，划分出各功能模块，其中一些部件中国商飞联合上飞、西飞、沈飞、成飞、637/623 所在国内进行研发生产，还有一些部件，由于很多技术在国内仍不完善，诸如发动机、燃油、液压等系统都是转包给国外供应商来独立进行设计生产。

6.2.2　中国商飞组织整合能力的运用

对于中国商飞而言，面对众多的供应商，其能否对供应商的相关资源与具体行为进行整合，对于整个模块化组织目标实现及内部运行具有非常巨大的影响。在中国商飞中，其通过虚拟联动与实体联动双重机制的建设，确保了对供应商进行有效整合，可以说，虚拟联动与实体联动的双重机制是其组织整合能力运用的产物。

所谓虚拟联动机制，即中国商飞借助于信息化平台，以实现其与供应商之间的联动，最终形成协同效应。目前，中国商飞基于 Windchill 的 ARJ21 - 700 CPC 平台，采用国际创新模式，有效实现异地协同，提高了设计协同效率。CPC 平台涵盖 ACAC、上海飞机设计研究院、四厂、一院、三所以及近二十家国外供应商，成为了 ARJ21 - 700 飞机研制过程中各个参研单位的协同工作和数据交换、共享及管理的统一平台。信息化平台的搭建是双方信息传达和交换的保障。采用电子化的管理方式，搭建协同管理平台，实现制造商与供应商之间及时的协同以及数据交换。建立统一的文件交换标准，所有的文件都在信息平台上进行传递，整机商可以监督并查看工程的进度状况，而每个供应商只能看到与自己相关的文件信息。

所谓实体联动机制，即中国商飞除了借助信息化平台实现制造商与供应商之间的协同合作，其还定期举行电话会议、现场会议，以及各家供应商都有常驻现场代表进行日常的技术协调与转换等，实现中国商飞与其供应商之间的有效联动，最终形成协同效应，实现相互有效整合。

6.2.3　中国商飞组织治理能力的运用

中国商飞通过制定严格的供应商标准，并对供应商展开实时监控与调整，进而实现了对整个模块化组织的有效治理。飞机是典型的复杂产品系统的代表，需要众多部门合作开展。中国商飞相当重视供应商等合作伙伴的选择，制定了严格的供应商选择制度，力图在全球范围内选择最具价值的合作伙伴。中国商飞在对供应商选择时，公司内部会临时抽调各部门负责人，组建评标委员会，对投标的供应商进行筛选。一旦完成供应商的选择，评标委员会即解散。此外，中国商飞的供应商选择体系已经相当完善，包含一整套供应商遴选与认证制度，选择的标准涵盖了从技术、服务、功能、客户满意度到价格等的诸多主要方面。大致来看，中国商飞对供应商的认证主要包括以下五个方面，其中尤为关注供应商的技术能力和产品品质的认证。

一是技术能力方面，即掌握着行内先进的技术，同时具有较强的研发创新能力，能够提供企业所需的具有先进技术含量的产品；

二是管理流程方面，具有完善的内部管理流程体系，拥有科学的内部控制、风险管理制度与流程体系；

三是产品功能方面，即提供较高的产品质量和功能，以保证飞机的整体性能；

四是客户评价方面，能够为客户提供及时、优质的服务，获得客户良好的赞誉；

五是产品价格方面，即提供的产品具有一定的价格优势，也就是在生产成本上具有一定的优势。

此外，中国商飞还采用了物质奖励和精神奖励相结合的激励手段来对供应商具体行为进行管理，进而实现组织整体的有效治理。其中，物质奖励主要体现在以下四个方面。

一是在技术研发上给予供应商帮助。研发过程中会给予供应商技术研发费用补贴，同时各家供应商都有商飞常驻现场代表进行日常的技术协调与转换。

二是中国商飞还定期对供应商的质量系统进行检测与评估，以确保供应商产品的质量水平，而且会在供应商遇到重大质量问题时，派遣工程师协助其解决；

三是对于比较优秀的供应商中国商飞会适当增加订单，以建立长期稳定的合作关系；

四是对于合作比较好的供应商，会推荐给其他的客户。

而精神奖励，则主要是中国商飞通过对供应商进行定期考核，通常是一个季度对供应商考核一次，然后是年终考核。考核依照指标核定，考核结束后会评选出"优秀供应商"。"优秀供应商"的称号，对于供应商来说，是其自身信誉和声誉的体现，在行业中还是具有一定影响力的。

6.2.4　中国商飞组织协调能力的运用

对于中国商飞而言，其重点研制的 ARJ21 - 700 项目正是基于其组织协调能力而展开。新型涡扇支线飞机 ARJ21 是中国首架拥有自主知识产权的涡扇支线飞机，适应以中国西部高温高原机场起降和复杂航路越障为目标的营运要求。ARJ21 飞机拥有支线客机中最宽敞的客舱，为乘客提供更多的行李空间和舒适的乘坐环境。ARJ21 飞机从开始设计就对全寿命成本（LCC）进行严格控制，最大限度降低维护成本，提高飞机的使用经济性。ARJ21 飞机与150 座级干线飞机具有相近的飞行性能和相媲美的舒适性，同时在驾驶舱人机界面、维护人机界面和相应操作程序方面尽量保持共通性，从而可降低航空公司飞行员换装培训成本，提高飞机调配使用的灵活性。ARJ21 飞机还将向系列化方向发展，拥有 ARJ21 基本型、加长型、货机和公务机四种机型。ARJ21 飞机采用每排五座双圆剖面机身、下单翼、尾吊两台以 CF34 – 10A 先进涡扇发动机为动力的短涵道分离流（SDSF）动力装置、高平尾、前三点式可收放起落架布局。驾驶舱采用两人制，航电系统采用先进总线技术、LCD 平板显示并综合化，常规机械系统采用国际成熟的先进技术。采用较大后掠角的超临界机翼和一体化设计的翼梢小翼以获得较高的巡航升阻比，从而降低巡航阻力、改善使用经济性。次要结构采用复合材料以降低结构重量。

对于 ARJ21 项目，飞机机体各部分分别在国内多家飞机制造厂生产，发动机、航电、电源等系统全部通过竞标在全球范围内采购，其中也有许多系统零部件、产品在中国生产制造。面对着众多的供应商，中国商飞能否对各自的生产行为进行有效的管理，并对相互的生产活动进行持续协调，将直接决定该项目的成败。而该项目的最终成功，充分说明了，中国商飞正是具有了强大的组织协调能力，才使得众多的供应商能够形成生产上的协同与有效。

6.2.5 中国商飞组织学习能力的运用

中国商飞通过 ARJ21 项目，展现出优异的组织学习能力。ARJ21 项目是以中国西部高原高温机场起降和复杂航路越障为目标所展开的新型飞机制造项目。我国西部地区具有相对简陋的机场条件和航线上障碍物很多的特点，这既要求飞机有过硬的起飞和爬升性能，在不减载的情况下能在较短的距离内起落，又要保证飞机能在较为恶劣的气候环境中运营，并对飞机性能如单发升限等提出了很高的要求。ARJ21 飞机需要很好地适应中国复杂的地理环境，且其设计是以未来西部交通枢纽昆明机场作为设计的临界条件，并用西部地区航线来检验飞机的航线适应性，以保证在实现经济效益的条件下满足西部的高原高温环境要求。

基于 ARJ21 项目的这些具体要求，对于飞机制造业来说，是史无前例的，对飞机制造提出了很高的要求与挑战。ARJ21 项目是世界上第一架完全按照中国自己的自然环境来建立设计标准的飞机。因此，在整个项目的设计、研发、生产环节，都需要所有的供应商共同参与，基于各供应商因其功能环节差异性而形成的对 ARJ21 项目不同的认知，在中国商飞引导下，通过相互学习，一方面使得对问题的认识更加准确与系统，另一方面加强了相互的理解与互融，有力地形成了各供应商间相互协作的支撑。最终，ARJ21 项目开发出的飞机在西部航线和西部机场具有很强的适应性。

6.2.6　中国商飞组织创新能力的运用

中国商飞所开展的 ARJ21 项目，在多个方面实现了创新，这也正是其组织创新能力运用的有效结果。具体来说，在中国商飞的引导下，各供应商在飞机的舒适性、经济性、共同性与系列化等方面展开了积极的创新合作，取得了非常好的创新绩效。

1. 舒适性

ARJ21 飞机拥有支线飞机中的宽、静机身，为旅客提供良好的乘机环境。ARJ21 飞机的客舱宽度 123 英寸，比同类型飞机宽 15～25 英寸。ARJ21 飞机采用公务舱排距 38 英寸、经济舱排距不小于 32 英寸的宽松布置。其基本型和加长型分别拥有 17 立方米和 20 立方米的下货舱，货舱高度接近 1 米，能为旅客提供更多的行李空间。对于客舱的内装饰和服务设备，综合考虑了线条、颜色、图案、照明和实用等因素，以保证乘客获得最大程度的舒适感。

ARJ21 飞机的乘坐舒适性不仅体现在与干线飞机相当或优于其中某些机型的宽座椅、大排距、边座/侧壁大间距、宽过道、高天花板和低噪声的先进客舱布置，还体现在符合工程心理学原理，前卫宜人的客舱美学设计和全机飞行力学特性决定的优越乘坐品质。

2. 经济性

ARJ21 飞机实现了低于竞争飞机的直接使用成本和全寿命成本。ARJ21 是新研制飞机，从飞机的开始设计就对飞机的全寿命成本（LCC）进行严格控制。通过采用长寿命结构设计，注重高可靠性、维修性设计，使飞机的可靠性和安全性得以提高，从而降低维护成本；采用低油耗先进涡扇发动机，提高了飞机的使用经济性；运用以 IT 技术为代表的先进研发手段及和国际接轨的生产管理和质保体系，在很大程度上降低研制和生产成本，争取比同类飞机降低10%。

3. 共同性

ARJ21飞机与150座主力机种的性能和使用特征有尽可能多的共同性，保障无缝隙服务。ARJ21飞机的设计不仅体现在与150座级干线飞机具有相近的飞行性能和相媲美的舒适性，同时在驾驶舱人机界面、维护人机界面和相应操作程序方面尽量保持共通性，从而可降低航空公司飞行员换装培训成本，提高飞机调配使用的灵活性。

4. 系列化

ARJ21飞机有70座级的基本型，通过加长型、货运型和公务机型等系列化发展，逐步形成70 – 100座ARJ21飞机系列，以满足市场多元化、多方位的需求。

6.3 本章小结

本章基于已经取得的理论研究成果，对两个典型案例展开分析。分析的结果不仅形成了对理论研究的验证，而且进一步发展了我们的研究，使我们在操作层面上更加清晰了模块化组织中核心企业核心能力体系如何有效运用，从而可以在更加细致、更加具体的层面上对模块化组织理论进行深化应用。

第7章　结论与展望

7.1　研究总结

7.1.1　研究结论

本书的研究结论主要体现在以下方面。

一是形成了对模块化组织中核心企业主导地位生成的科学认识。首先，基于网络理论，获悉了组织网络优势位置的占据、组织网络中心性的强化等对模块化组织中核心企业主导地位生成的重要作用，并明确了主导地位的始终占据使得核心企业能够对组织网络的影响力持续增强。其次，通过进一步研究，确定了模块化组织中核心企业主导地位的实质是其所具备的一种企业间领导力。最后，清晰认识了模块化组织中核心企业核心能力的作用方向是使得核心企业因始终具备企业间领导力，进而实现对模块化组织的持续主导。

二是对模块化组织中核心企业产生的驱动因素进行了探寻。首先，通过对模块化组织产生时代背景的分析，明确了模块化组织中核心企业的产生是新经济时代的必然结果，是诸多因素综合作用后的产物。其次，基于模块化组织外部环境的分析，确定了经济全球化、市场需求差异化与多样化、市场竞争态势的变化、技术的快速发展等因素是驱动模块化组织中核心企业产生的外部环境因素。此外，结合模块化组织特性，获悉了模块化组织中核心企业产生是组织稳定、组织效益、组织核心竞争力等的组织内部切实需求。最后，借鉴内容分析法，将模块化组织中核心企业核心素质识别为行业影响力、创新能力、市场地位、商业信誉、协调能力等。

三是构建了模块化组织整体性架构，实现了对模块化组织中核心企业产生的清晰认识。首先，通过对模块化组织中核心企业产生研究必要性的分析，一方面确定了对模块化组织中核心企业产生的分析是对核心企业核心能力研究的基础，另一方面认知了模块化组织中核心企业产生的过程实质上是模块化组织形成的过程。其次，明确了模块化组织设计主体是核心企业，即核心企业作为系统设计师，占据着模块化组织的主导地位，通过组织结构、组织流程、组织职权、组织绩效、组织激励模块化设计的展开，并对组织规则进行制定，进而使得整个模块化组织得以形成，最终形成了模块化组织整体性架构。最后，借鉴内容分析法，基于模块化组织中核心企业产生过程中，其所需承担的任务，将其所需具备的核心能力要素确定为组织设计能力与组织整合能力。

四是构建了模块化组织中核心企业运行的模型，形成了对模块化组织中核心企业运行的科学认知。首先，通过对模块化组织中核心企业运行特点的分析，明确了其运行过程体现为以其为主导的整个模块化组织的运行状态。其次，基于模块化组织中核心企业运行方向的分析，确定了模块化组织中核心企业的运行目标是通过对存在于组织内的资源进行跨边界优化配置，以形成模块化组织的价值整合，并通过进一步对模块化组织中核心企业运行过程的研究，建立了模块化组织中核心企业运行的理论模型。最后，借鉴内容分析法，着眼于模块化组织中核心企业运行所呈现的状态，明确了核心企业核心能力的功能体现，并将其所需具备的核心能力要素确定为组织学习能力、组织创新能力、组织协调能力与组织治理能力。

五是建立了模块化组织中核心企业核心能力体系。首先，对模块化组织中核心企业核心能力内涵进行了探究，即核心企业核心能力是由系列模块化组织能力所形成的能力体系，是基于模块化组织的一种外部管理能力，这种能力相对于模块化组织中其他成员企业而言具有明显的异质性。其次，基于模块化组织中核心企业产生与运行的研究，将核心企业核心能力细化为六大维度，即组织设计能力、组织整合能力、组织学习能力、组织创新能力、组织协调能力与组织治理能力六个维度，并基于功能上的差异性，将其归纳为三个类别，即基础能力、创造能力与主导能力，进而，构建了模块化组织中核心企业核心能力体系。最后，通过实证，对模块化组织中核心企业核心能力体系进行了检验。

7.1.2 研究创新点

模块化组织理论的研究刚刚起步，现有的研究大部分还停留在模块化组织表层，鲜有研究涉及到模块化组织内部，尤其是其最为重要的核心企业。为此，本书从模块化组织中核心企业产生与运行的视角，对核心企业进行探寻，并挖掘其所具有的核心能力要素，并建立起模块化组织中核心企业核心能力体系，本身就是一大创新。具体研究中所衍生出的创新点主要体现在以下方面：

1. 识别了模块化组织中核心企业核心能力要素

在模块化组织中核心企业产生阶段的分析中，基于传统组织管理理论，确定了核心企业是模块化组织设计主体，并通过组织结构、组织流程、组织职权、组织绩效、组织激励五大模块开展设计工作对模块化组织进行构建，且通过主导规则与事务性规则的制定确保了模块化组织的最终形成，从而使得核心企业得以实际产生。基于此，构建了模块化组织整体性架构，该架构的提出进一步完善了现有的模块化组织理论，也深化了我们对模块化组织内部的认识，进而较为清晰地认知了核心企业，应该说，该整体性架构的提出也是一个小的创新点。此外，在模块化组织中核心企业运行阶段的分析中，明确了核心企业的运行目标与运行过程，并建立了模块化组织中核心企业运行理论模型，形成了对模块化组织内部运行的清晰认识。在对模块化组织中核心企业产生与运行分析的基础上，充分考虑到当前国内外主流研究对核心企业核心能力相关研究缺失的现状，通过借鉴内容分析法，以核心企业产生与运行阶段的主要任务为分析对象，通过理论推演，获悉了其在产生阶段的关键核心能力要素是组织设计能力与组织整合能力，而在运行阶段的关键核心能力要素是组织学习能力、组织创新能力、组织协调能力与组织治理能力，有效地指导了后续实证的开展。因此，在当前模块化组织中核心企业核心能力相关研究几乎空白的背景下，无论是通过引入内容分析法，基于核心企业产生与运行主要任务对核心能力要素进行理论推演的过程，还是对核心企业核心能力要素的提炼与界定，都具有较大的创新意义，一方面提出了一个具有一定理论意义和实践意义的新课题，另一方面也为模块化组织理论的相关研究创建了新的思路。

2. 构建了模块化组织中核心企业核心能力体系

基于模块化组织是一种企业间关系网络特殊形式的实质，我们能够清晰地明确核心企业的核心能力应该是其所具有的网络能力的集合，是一系列基于核心企业外部关系网络的能力组合。基于此，我们从网络理论出发，结合模块化组织的特点，对模块化组织中核心企业核心能力展开研究，认为模块化组织中核心企业核心能力是一种具有"网络边界"的企业网络能力，并将其界定为由系列模块化组织能力所形成的能力体系，是基于模块化组织的一种外部管理能力，这种能力相对于模块化组织中其他成员企业而言具有明显的异质性。此外，我们结合对模块化组织中核心企业产生与运行的研究，将核心企业核心能力进一步细分为组织设计能力、组织整合能力、组织学习能力、组织创新能力、组织协调能力与组织治理能力六个维度，并基于功能上的差异性，将其归纳为三个类别，即基础能力、创造能力与主导能力。在此基础上，充分考虑到本研究的前沿性，为增强理论的信服力，通过实证，基于一手数据，对六个维度的子能力进行了验证，在一定程度上保障了本研究的科学性。此外，通过典型案例，对六个维度子能力实际的应用情况进行了分析，一方面，体现了本研究的实践指导意义，另一方面，对本研究所建立的理论体系形成了支持。最终，构建了模块化组织中核心企业核心能力体系，成为了本研究的最大创新点。

3. 验证了模块化组织中核心企业核心能力体系对模块化组织建构的影响

在对模块化组织中核心企业核心能力要素的识别中，本研究借鉴的内容分析法，基于核心企业在模块化组织形成与运行两个阶段的主要任务，对其所需具备核心能力要素进行了获取。而模块化组织形成与运行实质上是模块化组织建构的两个阶段，故为了验证本研究采取内容分析法的科学性和有效性。在模块化组织中核心企业核心能力体系的实证中，引入了模块化组织建构变量，对核心企业核心能力体系对其的重要影响进行了验证。通过实证，构成核心企业核心能力体系的六个维度子能力都对模块化组织建构存在明显的正相关关系，因此，验证了核心企业核心能力体系对模块化组织建构的关键性作用。可以说，该研究结论一方面验证了本研究所借鉴内容分析法展开研究工作的合理性，另一方面，从更深层次上明确了核心企业核心能力体系对模块化组织的影响，进一步突显了对其展开研究的理论价值与实践意义，有助于引导模块化组织新领域研究工作的开展，具有创新意义。

7.1.3 管理启示

模块化组织中核心企业核心能力的研究，是一个全新的研究课题，在研究过程中，由于现有理论基础的匮乏，遇到了很多困难，但之所以一直坚持将研究进行下去，所看重的就是该研究的实践意义。当前模块化组织的相关研究中，大多集中于组织理论层面，以理论研究为主，在一定程度上，难以对经济社会中的大型企业通过模块化实现跨越式发展形成指导。正是在此背景下，从现实需求的角度出发，将模块化组织的研究引向内部的核心企业，致力于提升模块化组织理论的实践意义。通过本研究，可以获得以下管理启示，对大型企业的模块化实践具有一定的指导作用。

① 明确了实现模块化发展的具体方法。大型企业实现模块化发展，可以非常清楚地，通过对组织结构、组织流程、组织职权、组织绩效和组织激励的模块化设计，并通过主导规则与事务性规则的制定来展开。

② 确定了模块化工作展开的具体内容。在对模块化组织核心企业产生与运行的分析中，对核心企业产生阶段、运行阶段的主要工作内容进行了系统的梳理，进而使得在大型企业在实践中，能够非常清楚地知道，在哪个阶段做哪些具体工作，需要重视哪些内容，等等。

③ 指明了大型企业核心能力培育的重点。通过模块化组织中核心企业核心能力体系的构建，使得大型企业能够清楚的获悉，其若想通过模块化实现跨越式发展，其需要对自身现有的能力进行评估，哪些能力是符合模块化发展条件的，哪些能力是欠缺需要重点培育的，指明了企业能力培育的重点。此外，实证研究中，结构方程的分析，还能够使得大型企业知道通过什么方式，通过哪些内容去培育何种能力，诸如大型企业可以通过运用契约、期权对处于价值链各环节并以其自己为中心的其他成员企业进行治理，并增强企业间的沟通、改善企业间合作效率，以及增强自身权威的培育，来实现其组织治理能力的增强。可以说，实证研究的结论，对大型企业核心能力的培育形成了非常明确的指导，具有较大的实践价值。

7.1.4　研究不足

本书基于模块化组织中核心企业，对核心企业产生与运行展开研究，并最终落脚到核心企业核心能力的研究上，试图将当前模块化组织理论的研究向内深入，以弥补当前理论研究所存在的不足。尽管本书的研究构建了一套基于模块化组织中核心企业核心能力的理论体系，并较为深入地分析了其相关理论问题，但也存在以下方面研究的不足。

一是研究以基础理论探讨为主，对所形成的理论体系如何落到实处的问题，诸如现实中的一家符合核心企业基本要求的大型企业，如何分步骤、有效地构建模块化组织并保持高效运行等实践问题所费笔墨相对较少。一方面，本书对模块化组织中核心企业的系统研究还处于理论的探索阶段，立足于构建一套较为完善的理论体系，另一方面，限于篇幅，无法对模块化组织中核心企业所有层面的问题都给出全面的阐述。有鉴于此，本书以理论构建为重点而展开论述，有关实践中的应用问题，还有待后续的进一步研究。

二是实证研究的调研存在一定程度的系统偏差。目前市场中深度模块化的行业较少，样本总量本相当有限，在这一较小规模的样本总量中找样本，具有相当的难度。

7.2　研究展望

本书构建了一套基于模块化组织中核心企业核心能力的理论体系，由此也引发了相关后续研究的需求：

一是针对不同行业的应用研究。每个行业都有其自身的特点，进而处于不同行业中的核心企业有可能存在一些差异化的特性，如何根据这些具体特性将模块化组织中核心企业核心能力理论具体化、实践化，还有待进一步的研究。

二是模块化组织中核心企业同成员企业关系模式的研究。现在研究明确核心企业对整个模块化组织的主导，其中包括了对成员企业的绝对领导权，但是并未涉及到成员企业参与到模块化组织的动因，对此研究的展开也有助于我们更好地把握核心企业同成员企业的关系模式，并对实践形成更为有效的指导。

三是模块化组织中核心企业同成员企业内部管理体系匹配研究。在核心企业构建整个模块化组织后，其自身内部管理体系，诸如结构、职能、制度等，以及成员企业内部管理体系需要如何设计与调整，才能更好地与模块化组织整体架构相匹配，更好地保障模块化组织的整体运行。

四是模块化组织中核心企业同成员企业的行为研究。模块化组织中核心企业在组织运行中会采取哪些行为，成员企业又会采取哪些行为与之相对应，这些行为又会如何影响组织绩效，等等。

参考文献

Achrol, R. S. Changes in the theory of inter-organizational relations in marketing: Toward a network paradigm. Journal of the Academy of Marketing Science, 1997, 25

Alberto Rinaldi. The milian model revisited: Twenty years after "Material di discussione del Dipartimento di Economia politica". N. 417, 2002, 9

Amaldo Camufo. Transforming Industrial district Large Firms an d Small Business Networks in the Italian Eywear Industry. Industry and Innovation, 2003, (10)

Antonio, K. W. L., Richard, C. M. Y., Esther, P. Y. T. Supply chain product co-development, product modularity and product performance: empirical evidence from Hong Kong manufacturers. Industrial Management and Data Systems, 2007, 107 (7)

Argyris C., Schon D. A. Organizational learning: a theory of action perspective. Addison-Wesley Publishing Company, 1978

Ariss, S. S., Zhang, Q. Y.. The impact of flexible process capability on the product-process matrix: an empirical examination. International Journal of Production Economics, 2002, 76 (2)

Berman, B. "Should your firm adopt a mass customization strategy?" Business Horizons, 2002, 45 (4)

B. J. Pine, II. Mass Customization: The New Frontier in Business Competition. Harvard Business School Press, 1993

Barney, J. B. Strategic factor markets: expectation, luck and business strategy. Management Science, 1986, 32 (10)

Barney, J. Firm resources and sustained competitive advantage. Journal of Management, 1991, 17（1）

Barton, D. L. Core capability and core rigidities: A Paradox in Managing New Product Development. Strategic Management Journal, 1992, 13

Bell, G. G. Clusters, networks and firm innovativeness. Strategic Management Journal, 2005, 26

Benassi M.. Investigating Modular Organizations. Journal of Management Governance, 2009, 13

Borgatti, S. P.. Centrality and network flow. Social Network, 2005, 27

Bruce Kogut, Udo Zander. Knowledge of the firm, combinative capabilities, and the replication of technology. Organization Science, 1992, 3（3）

Bruce R. Barringer, Jeffrey S. Harrison. Walking a tightrope: creating value through inter-organizational relationships. Journal of Management, 2000, 26（3）

Brusoni S, Prencipe A, Pavitti K. Knowledge specialization, organizational coupling and the boundaries of the firm: why do firms know more than they make? Administrative Science Quarterly, 2001, 46（1）

Brusoni S, Prencipe A. Managing knowledge in loosely coupled network: exploring the links between product and knowledge. Journal of Management Studies, 2001, 38（7）

Burt, R. S. Toward a structural theory of action: Network Models of Social Structure, Perception and Action. Academic Press, 1982

Butt, R. S. Toward a structural theory of action: network models of social structure, perception and action. Academic Press, 1982

Buzzel R. D. Improving supply chain responsiveness. Industrial, 2002（31）

C. Y. Baldwin, K. B. Clark. Managing in an age of modularity. Harvard Business Review, 1997, 75（5）

C. K. Prahalad, Kenneth Lieberthal. The End of Corporate Imperialism. Harvard Business Review, 1998,（8）

C. Y. Baldwin, K. B. Clark. Design Rules: The Power of Modularity. MIT Press, 2000

C. Y. Baldwin, K. B. Clark. Between "knowledge" and "the economy": notes on the scientific study of designs. Harvard Business School Working Paper, 2005

C. Y. Baldwin. Where does Transactions Come from? Modularity, Transactions, and the Boundaries of Firms. Industrial and Corporate Change, 2007, 17 (1)

Carter T., D. D. Ejara. Value Innovation Management and Discounted Cash Flow. Management Decision, 2008, 46 (1)

Chesbrough H. W. Open Innovation: The New Imperative for Creating and Profiting from Technology. Harvard Business School Press, 2003

Chwo M, Joseph Y. Formal governance mechanisms, relational governance mechanisms, and transaction-specific investments in supplier-manufacturer relationships. Industrial Marketing Management, 2006, 35 (2)

Cohen, W. M., Levinthal, D. A. Absorptive Capacity: A new perspective on learning and innovation. Administrative Science Quarterly, 1990, 35

Coughlan, P., M. A. Fergus. Defining the Path to Value Innovation. International Journal of Manufacturing Technology & Management, 2009, 16 (3)

Covey, S. R. The 8th habit: from effectiveness to greatness. Free Press, 2004

Daniel A. Wren. Interface and Inter-organizational Coordination. Academy of Management Journal, 1967, 10 (1)

Damanpour, F. Organizational innovation: a meta-analysis of effects of determinants and moderators. Academy of Management Journal, 1991, 34 (3)

David J. Teece, Gary Pisano, Amy Shuen. Dynamic capabilities and strategic management. Strategic Management Journal, 1997, 18

Dillon T. A., Lee R. K., Matheson D.. Value Innovation: Passport to Wealth Creation. Research of Technology Management, 2005, (3)

Drucker P E. The emerging theory of manufacturing. Harvard Business Review, 1990, 5

Dyer J H, Singh H. The relational view: cooperative strategy and sources of inter-organizational competitive advantage. Academy of Management Review, 1998, 23 (4)

Elisa Giuliani, Michiel H. Nijdam, Peter W. de Langen. Leader Firms in the Dutch. Maritime Cluster Paper presented at the ERSA, 2003

Eppinger S D, Whitney D E, Smith R P, Gebala D. A model-based method for organizing tasks in product development. Research in Engineering Design, 1994, 6 (1)

Ethiraj S K, Levinthal D A, Roy R R. The dual role of modularity: innovation and imitation. Management Science, 2008, 54 (5)

Granovetter, Mark, S. The social construction of economic institutions. ASP Association Paper, 1990

Granovetter, M. The strength of weak tie. American Journal of Sociology, 1973, 78

Gulati, R. Network location and learning: the influences of network resources and firm capabilities on alliance formation. Strategic Management Journal, 1999, 20

Gulati, R. Alliances and networks. Strategic Management Journal, 1998, 19 (4)

Hagedoom J, Cloodt M. Measuring innovative performance: is there an advantage in using multiple in dictators. Research Policy, 2003, 32 (8)

Hakansson H. Industrial technological development: a network approach. Thomson Business Press, 1987

Han, J. K., Kim, N., Srivastava, R. K. Market-orientation and organizational performance: is innovation a missing link? Journal of Marketing, 1998, 62

Handfield, Nichols. Supply Chain Redesign: Transforming Supply Chain Into Integrated Value System. Financial Times, 2002

Hansen. Knowledge Networks: Explaining Effective Knowledge Sharing in Muhiunit Companies. Organization Science, 2002, 3

Henderson M H, Clark K B. Architectural innovation: the reconfiguration of existing product technologies and the failure of established firms. Administrative Science Quarterly, 1990, 35

Henry W. Chesbrough. Open Innovation: The New Imperative for Creating and Profiting from Technology. Harvard Business School Press, 2003

Hoetker Glenn. Do Modular Products Lead To Modular Organizations? Strategic Management Journal, 2006, 27

Hoopes DG, Postrel, S. Shared knowledge, glitches and product development performance. Strategic Management Journal, 1999, (20)

J. H. Mikkola, O. Gassmann. Managing modularity of product architectures: Toward an integrated theory. IEEE Transactions on Engineering Management, 2003, 50 (2)

Jacobs, M., S. K. Vickery, C. Droge. The Effects of Product Modularity on Competitive Performance: Do Integration Strategies Mediate the Relationship? International Journal of Operations & Production Management, 2007, 27 (10)

Jarillo J. C. On Strategic Networks. Strategic Management Journal, 1988, 9 (1)

Jeffrey H Dyer, Kentaro Nobeoka. Creating and managing a high – performance knowledge – sharing network: The Toyota case. Strategic Management Journal, 2000, 21 (3)

K. Ulrich. The role of product architecture in the manufacturing firm. Research Policy, 1995, 24 (3)

Kalakota R. , Robinson M. E–business 2. 0: roadmap for success. Addison Wesley, 2001

Kathleenm, E. , Jeffreya, M. . Dynamic capabilities: what are they? Strategic Management Journal, 2000, 21 (10)

Kim W. , M. Renee. Value Innovation in Export Marketing Strategy: The Case of a Canadian Firm in Japan. Journal of Food Products Marketing, 2010, 16 (4)

Kogut B. . Joint Ventures and the Option to Expand and Acquire. Management Science, 1991, (37)

Kusunoki, K. , Nonaka, I. . Organizational capabilities in product development of Japanese firms: a conceptual framework and empirical findings. Organization Science, 1998, 9 (6)

Lambert, Cooper, Pagh. Supply Chain Management: More Than a New Name for Logistics. MCB U, 1997

Langlois. Modularity in technology and organization. Economic Behavior Organ, 2002, 49

Langlois, Robertson. N. Transaction–cost Economics in Real Time. Corporate and Industrial Change, 1992, (2)

Lapanini. Industrial Clusters, Focal Firms, and Economic Dynamism: A Perspective from Italy. Working Paper, 1999

Lau, A. K. W. , Yam R. C. M. , Tang, E. . The impacts of product modularity on competitive capabilities and performance: an empirical study. International Journal of Production Economics, 2007, 105 (1)

Leavy B. Design Thinking: A New Mental Model of Value Innovation. Strategy and

Leadership，2010，38（3）

Lei，D.，Hitt，M. A.，Goldhar，J. D. Advanced manufacturing technology：Organizational design and strategic flexibility. Organization Studies，1996，17

Long，C.，Vickers-Koch M.，Using core capabilities to create competitive advantage. Organizational Dynamics，1994，（33）

Lorenzoni. G，Omati. O. A Constellations of Firms and new ventures. Journal of Business Venturing，1988，（3）

Maillat D.，Crevoisier O.，Lecoq B.. Innovation Networks and Territorial Dynamics：A Tentative Typology in Patterns of a Network Economy. Springer - Verlag，1994

Malone T. W.，Crowston K. The Interdisciplinary study of Coordination. ACM Computing Surveys，1994，26（1）

March，J. G. Exploration and exploitation in organizational learning. Organization Science，1991，2（1）

Marsden，P. Network data and measurement. Annual Review of Sociology，1990，16

Maskell P.，Malmberg，A. Localized learning and industrial competitiveness. Cambridge Journal of Economics，1999，23

Matusik S，C. Hill. The Utilization of Contingent Work，Knowledge Creation，and Competitive Advantage. Academy of Management Review，1998，（23）

Mcgrath R.. A Real Options Logic for Initiating Technology Positioning Investments. Academy of Management Review，1997，22

Melissa A. Schilling. Towards a general modular systems theory and its application to inter-firm product modularity. Academy of Management Review，2000，25（2）

Melissa A. Schilling，H. Kevin Steensma. The Use of modular organizational forms：An Industry-level Analysis. Academy of Management Journal，2001，12

Melissa A Schilling. Toward a general modular systems theory and its application to inter-firm product modularity. Academy of Management Review，2000，25（2）

Melissa. A. Schilling. The use of Modular Organizational Forms：An Industry-level Analysis. Academy of Management Journal，2001，44（6）

Michael D. Social networks and economic sociology: a proposed research agenda for more complete social science. American Journal of Economics and Sociology, 1997, 56 (3)

Mikkola, J. H. Modularity, component outsourcing, and inter-firm learning. R&D Management, 2003, 33 (4)

Mitchell, J. C. The concept and use of social networks. Manchester University Press, 1969

Mitchell W. , Singh K. . Incumbents' Use of Preentry Alliances before Expansion into New Technical Subfields of an Industry. Journal of Economic Behavior and Organization, 1992, 18

Miozzo, M. , Grimshaw, D. . Modularity and innovation in knowledge-intensive business services: IT outsourcing in Germany and the UK. Research Policy, 2005, 34 (9)

Molina-Morales, F. Xavier, Martinez-Fernandez, M. Teresa. How much difference is there between industrial district firms? A net value creation approach. Research Policy, 2004, 33 (3)

Molina-Morales FX. European industrial districts: influence of geographic concentration on performance of the firm. Journal of International Management, 2001, (7)

Molina-Morales FX, Mart'mez-Fernandez MT. The impact of industrial district affiliation on firm value creation. European Planning Studies, 2003, (11)

Moller K. , Halinen A. . Business relationships and networks: Managerial Challenge of Network Era. Industrial Marketing Management, 1999

Morrlson, A. Gatekeepers of knowledge within industrial districts: who they are, how they interact. Working Paper, 2004

Nicolay W. , Karl M. , Pablo C. . Modularity, strategic flexibility and firm performance: a study of the home appliance industry. Strategic Management Journal, 2002, 23 (12)

Oliver, C. Determinants of inter-organizational relationships: integration and future directions. Academy of Management Review, 1990, 15

Orton J D, Weick K E. Loosely coupled systems: a reconceptualization. Academy of

Management Review, 1990, 15 (2)

Owen-Smith, Powell, W. W. Knowledge networks as channels and conduits: the effects of spillover in the Boston biotechnology community. Organization Science, 2003

Parnas D L. On the criteria to be used in decomposing systems into modules. Communications of the ACM, 1972, 15 (12)

Penrose, E. T. The Theory of Growth of the Firm. Basil Blackwell Publisher, 1959

Powell W. W. Inter-organizational Collaboration and the Locus of Innovation: Networks if Learning in Biotechnology. Administrative Science Quarterly, 1996, 41 (1)

Prahalad, C. K., Hamel, G. The core competence of the corporation. Harvard Business Review, 1990, 5

R Duane Ireland, Michael A Hitt, Deepa Vaidyanath. Alliance management as a source of competitive advantage. Journal of Management, 2002, 28 (3)

Ranjay Gulati. Network Location and Learning: The Influence of Network Resources and Firm Capabilities on Alliance Formation. Strategic Management Journal, 1999, 20 (5)

Ranjay Gulati, Martin Gargiulo. Where do inter-organizational networks come from? . American Journal of Sociology, 1999, 104 (5)

Rikard Larsson. The Handshake Between Invisible and Visible Hands. International Studies of Management and Organization, 1993, 23, (1)

Ritter, T. The networking company: antecedents for coping with relationships and networks effectively. Industrial Marketing Management, 1999, 2

Ritter, T., Wilkinson Ian F, Johnston W. J. Measuring network competence: Some international evidence. The Journal of Business and Industrial Marketing, 2002, 17

Ritter, T., Gemunden H. G. Network competence: its impact on innovation success and its antecedents. Journal of Business Research, 2003, 5

Ritter, T. A framework for analyzing interconnectedness of relationships. Industrial Marketing Management, 2000, 2

Roberts PW, Bowling GR. Corporate reputation and sustained superior financial performance. Strategic Management Journal, 2002, (23)

Ron Sanchez, Joseph T. Mahoney. Modularity, flexibility, and knowledge management in product and organization design. Strategic Management Journal, 1996, 17

Rothaermel FT. Research note in combat's advantage through exploiting complementary assets via inter–firm cooperation. Strategic management journal, 2001, (22)

Rowley, Tim, D. Behrens, D. Krackhardt. Redundant governance structures: an analysis of structural and relational embeddedness in the steel and semiconductor industries. Strategic Management Journal, 2000, 21 (3)

S. Fixson. The Multiple Faces of Modularity: A Literature Analysis of a Product Concept for Assembled Hardware Products Industrial &Operations Engineering. Univ. Michigan, Ann Arbor, MI, Tech. Rep. , 2003

Sanchez, R. Strategic flexibility in product competition. Strategic management Journal, 1995, 16

Sanchez R. , Mahoney J. Modularity flexibility, and knowledge management in product and organization design. Strategic management Journal, 1996, 17

Sendil K. Ethiraj, Daniel Levinthal. Modularity and Innovation in Complex Systems. Management Science, 2004, 50 (2)

Simon. H. A. The architecture of complexity. Proceedings of the American Philosophical Soceity, 1962, 106

Simon. H. A. The Sciences of the Artificial. MIT Press, 1969

Simon. H. A. Near decomposability and the speed of evolution. Industrial and Corporate Change, 2002, 11 (3)

Sock, H. , Chung, T. , Anthony, B. , Bruce R. L. , Nelson F. . An empirical study of the relationships between IT infrastructure flexibility, mass customization, and business performance. The Database for Advances in Information Systems, 2005, 36 (3)

Stanley Wasserman, Katherine Faust. Social Network Analysis: Methods and Applications. CUP, 1994

Steward D V. The design structure system: a method for managing the design of complex systems. IEEE Transactions in Engineering Management, 1981, 28 (3)

Stuart M. Schnnidt, Thomas A. Kochan. Inter–organizational Relationships: Patterns and Motivations. Administrative Science Quarterly, 1977, (6)

Sullivan J K, Griswold W G, Cai Y, Hallen B. The structure and value of modulari-
ty in software design. SIGSOFT Software Engineering Notes, 2001, 26 (5)

Tarun Khanna. The scope of alliances. Organization Science, 1998, 9 (3)

Teece, D. J, Pisano, G. The dynamic capabilities of firm: an introduction. Industri-
al and Corporate Change, 1994, 3

Teece, D. J, Pisano, G., Shuen, A. Dynamic capabilities and strategic manage-
ment. Strategic Management Journal, 1997, 18 (7)

Tim Hallett, Marc J Ventresca. How institutions form: loose coupling as mechanism
in Guilder's patterns of industrial bureaucracy. The American Behavioral Scientist,
2006, 49 (7)

Tiwana A. Does Technological Modularity Substitute for Control? A Study of Alliance
Performance in Software Outsourcing. Strategic Management Journal, 2008, 29

Tsai W., Ghoshal S. Social capital and value creation: The role of intra−firm net-
works. Academy of Management Journal, 1998, 41

Tsai, W. Knowledge transfer in intra−organizational networks: effects of network po-
sition and absorptive capacity on business unit innovation and performance. Acad-
emy of Management Journal, 2001, 44

Tu, Q., Vonderembse, M. A., Ragu−Nathan, T. S.. Measuring modularity −
based manufacturing practices and their impact on mass customization capability:
acustomer − driven perspective. Decision Sciences, 2004, 35 (2)

Uzzi B. Social structure and competition in inter−firm networks: The paradox of em-
beddedness. Administrative Science Quarterly, 1997, 42

Vincent Frigant, Damien Talbot. Technological determinism and Modularity: Les-
sons from comparison between Aircraft and Auto Industries in Europe. Industry
and Innovation, 2005, 12 (3)

Walter, A., Muller, T. A., Helfert, G. Ritter, T. Functions of industrial supplier
relationships and their impact on relationship quality. Industrial Marketing Man-
agement, 2003, 32 (2)

Wernerfelt, B. A resource−based view of the firm: ten years after. Strategic Man-
agement Journal, 1995, 5 (2)

Whetten, D. A. Issues in conduction research. The Iowa State University Press, 1982

Worren N. , K. Moore, P. Cardona. . Modularity, Strategic Flexibility, and Firm Performance: A Study of the Home Appliance Industry. Strategic Management Journal, 2002, 23

Wren D A. Interface and Inter-organizational Coordination. Academy of Management Journal, 1967, (10)

Young K. Ro, Jeffrey K. Liker, Sebastian K. Fixson. Modularity as a Strategy for Supply Chain Coordination: The Case of U. S. Auto. IEEE Transactions on Engineering Management, 2007, 54 (1)

Yukl G. Leadership in organizations. Prentice-Hall Press, 2002

蔡宁，吴结兵．产业集群组织间关系密集性的社会网络分析．浙江大学学报，2006，36（4）

席酉民，曹瑄玮，梁磊．技术创新中的路径依赖与路径创造——以德国高速地面交通技术系统为例．第二届中国智能交通年会论文集，2006

池仁勇．区域中小企业创新网络形成、结构属性与功能提升：浙江省实证考察．管理世界，2005，10

陈国权．组织与环境的关系及组织学习．管理科学学报，2001，10

陈学光．网络能力、创新网络及创新绩效关系研究——以浙江高新技术企业为例：［博士学位论文］．浙江大学博士论文，2007

陈建军，胡晨光．产业集聚的集聚效应——以长三角次区域为例的理论和实证分析．管理世界，2008，（6）

陈建勋，张婷婷，吴隆增．产品模块化对组织绩效的影响：中国情境下的实证研究．中国管理科学，2009，17（3）

刁玉柱．组织模块化创新的动因分析——基于德鲁克的观点．华东经济管理，2011，4

付秋芳．基于核心企业的供应链响应时间结构模型．工业工程与管理，2006，（1）

耿帅．基于共享性资源观的集群企业竞争优势研究：［博士学位论文］．浙江大学博士论文，2005

亨利·切萨布鲁夫（美）著，金马译．开放式创新——进行技术创新并从中

赢利的新规则．清华大学出版社，2005

荷尔瑞格，斯劳卡姆，渥德曼（美）．组织行为学（第 8 版）．东北财经大学出版社，2001

郝斌．模块化创新企业间的价值吸收．科学学研究，2011，（29）

郝斌，任浩．组织模块化及其挑战：组织形态演进的思考．商业经济与管理，2007，（9）

郝斌，任浩．组织结构模块化设计：基本原理与模型构建．商业经济与管理，2009，（2）

郝斌，任浩．组织模块化设计价值与设计主导权．软科学，2008，（2）

郝斌，任浩，Anne-Marie Guerin．组织模块化设计：基本原理与理论挑战．中国工业经济，2007，（6）

郝斌，张冉．论模块化组织的权力科层结构．商业经济与管理，2011，5

郝斌，Anne-Marie Guerin．组织模块化对组织价值创新的影响：基于产品特性调节效应的实证研究．南开管理评论，2011，14（2）

胡晓鹏．从分工到模块化：经济系统演进的思考．中国工业经济，2004，（9）

胡晓鹏．模块化整合标准化：产业模块化研究．中国工业经济，2005，（9）

黄洁．集群企业成长中的网络演化：［博士学位论文］．浙江大学，2005

黄培伦，尚航标，招丽珠．组织创新、组织能力和组织绩效的关系研究．管理学报，2008，（3）

金东日．现代组织理论与管理．天津大学出版社，2003

江若尘．大企业利益相关者问题研究．上海财经大学出版社，2004

江若尘．企业间关系的类型及选择．商业经济与管理，2008，5

李永胜．多元化背景下的价值冲突与价值整合．宁夏社会科学，2006，（7）

李晓慧．基于模块化理论的集成商选择与模块商激励研究：［博士学位论文］．南京财经大学，2008

李恒．模块化生产的激励机制与产业集群治理．商业经济与管理，2006，（5）

李平，狄辉．产业价值链模块化重构的价值决定研究．中国工业经济，2006，（9）

李芳芸，黄丽华，黄岳，熊伟．基于规则的企业过程简化和集成的方法．计算机集成制造系统 – CIMS，1998，6

李海舰．模块化垄断结构企业模式研究．中国工业经济，2011，7

林健，李焕荣．战略网络对企业绩效影响分析．科研管理，2003，（7）

雷如桥，陈继祥．基于模块化的组织模式及其效率比较研究．中国工业经济，2004，（10）

罗珉．大型企业的模块化：内容、意义与方法．中国工业经济，2005，（3）

罗珉．组织间关系理论最新研究视角探析．外国经济与管理，2007，（1）

罗家德．社会网分析讲义．社会科学文献出版社，2005

刘巨钦．企业组织设计原理与实务．企业管理出版社，1996

刘友金，罗发友．基于焦点企业的集群演进机理．管理世界，2005，（11）

刘伟，李绍荣，黄桂田．北京市发展现代制造业的经济分析．中国工业经济，2003，（3）

刘跃所，谢洪明，蓝海林．战略生态理论的演进：概念与基本问题．科学学研究，2004，12

卢松泉．供应链核心企业生成机理研究：［博士学位论文］．华中科技大学，2008

卢少华，陶志祥．动态联盟企业的利益分配博弈．管理工程学报，2004，9

马歇尔（英）．经济学原理．商务印书馆，1991

马士华．论核心企业对供应链战略伙伴关系形成的影响．工业工程与管理，2000，（1）

马刚．基于战略网络视角的产业区企业竞争优势研究——以浙江两个典型的传统优势产业区为例：［博士学位论文］．浙江大学，2005

慕继丰，冯宗宪，陈方丽．企业网络的运行机理与企业的网络管理能力．外国经济与管理，2001，（10）

骆品亮．模块化创新的网络化知识集成模式．科学学与科学技术管理，2009，（3）

彭本红，刘东．模块化生产网络的治理：一个分析框架．商业经济与管理，2011，12

青木昌彦．模块时代：新产业结构的本质．上海远东出版社，2003

青木昌彦．比较制度分析．上海远东出版社，2001

青木昌彦．硅谷模式的信息与治理结构．经济社会体制比较，2000，（1）

青木昌彦．经济体制的比较制度分析．中国发展出版社，1999

青木昌彦．模块化与产业结构的自然演进．中信出版社，2006

齐晓飞．知识吸收、社会资本与模块化组织中企业竞争优势．经济与管理研究，2013，（1）

任浩．现代企业组织设计．清华大学出版社，2005，11

任浩，郝斌．模块化组织运行机理的整合性架构研究．同济大学学报（社会科学版），2009，（2）

芮明杰，钱平凡．再造流程．浙江人民出版社，1997

邵兵家，邓之宏，李黎明．组织间关系形成的动因分析．中国科技论坛，2005（3）

孙晓峰．模块化生产网络研究．中国工业经济，2005，（9）

孙川．企业性质与企业间关系——关于治理结构的分析框架．北京师范大学学报（社会科学版），2006，（1）

王洲．企业创新网络的进化与治理：一个文献综述．科研管理，2001，（5）

王程．基于核心企业的产业集群演化机理分析．当代经济科学，2005，（6）

邬爱其．基于焦点企业成长的集群演进与模仿失败．研究与发展管理，2003，（9）

邬爱其．集群企业网络化成长研究：［博士学位论文］．浙江大学，2004

邬爱其．企业网络化成长——国外企业成长研究新领域．外国经济与管理，2005

吴海滨，李恒，谢恩．战略联盟不稳定性的研究现状与展望．科研管理，2004，9

王瑜，任浩．模块化组织价值创新：内涵与本质．科学学研究，2014，2

谢洪明，蓝海林．战略网络中嵌入关系的决定因素及其特征和影响．管理科学，2004，4

谢洪明，刘常勇，陈春辉．市场导向与组织绩效的关系：组织学习与创新的影响．管理世界，2006，（2）

谢洪明，罗惠玲，王成，李新春．学习、创新与核心能力：机制和路径．经济研究，2007，（2）

谢永平，党兴华，毛雁征．技术创新网络核心企业领导力与网络绩效研究．预测，2012，5

徐宏玲．模块化组织研究．西南财经大学出版社，2006

徐宏玲．模块化组织价值创新：原理、机制及其理论挑战．中国工业经济，

2006,（3）

徐宏玲，颜安，潘旭明，马胜．模块化组织与大型企业基因重组．中国工业经济，2005（6）

徐金发，许强，王勇．企业的网络能力剖析．外国经济与管理，2001，（11）

许强，郑德叶．基于创新视角的模块化发展研究．科技管理研究，2012，1

项后军．产业集群、核心企业与战略网络．当代财经，2007，7

杨洪兰，张晓蓉．现代组织学．复旦大学出版社，1997，10

余凯成．组织行为学．大连理工大学出版社，2001

赵慧英，林泽炎．组织设计与人力资源战略管理．广东经济出版社，2003

周黎安．晋升博弈中政府官员的激励与合作——兼论我国地方保护主义和重复建设问题长期存在的原因．经济研究，2004，（6）

张青山，游明忠．企业动态联盟的协调机制．中国管理科学，2003，4

张钢，王宇峰．知识集聚与不确定环境下技术创新的影响机制．科学学研究，2011，12

张庭溢．模块化供应链创新动力机制探讨．现代管理科学，2012，9

朱瑞博．价值模块整合与产业融合．中国工业经济，2003，（8）

朱秀梅．高技术产业集群创新路径与机理实证研究．中国工业经济，2008，（2）